DE BUENA TINTA

LECTURAS

4

Santillana

El libro de lecturas **De buena tinta**, para cuarto curso de Educación Primaria, es una obra colectiva concebida, creada y realizada en el Departamento de Primaria de Santillana Educación S. L. bajo la dirección de José Tomás Henao y Maite López-Sáez.

Texto: Fernando Almena, M.ª Jesús Bajo, Alicia Borrás, Leopoldo Cañizo, Inmaculada Díaz, Irene Genovés, Carmen Gil, Antonio A. Gómez Yebra, Manuel Jurado, Antonio Monterroso, Elena O'Callaghan i Duch, Mar Pavón, Ana Rossetti y María Sanz

Actividades: Elena O'Callaghan i Duch

Ilustración: Esperanza Martínez, Jacobo Muñiz e Iratxe Ortiz

Dirección de arte: José Crespo

Proyecto gráfico: Martín León Barreto
Jefa de proyecto: Rosa Marín
Coordinación de ilustración: Raquel Carrasco

Dirección técnica: Ángel García

Coordinación técnica: José Luis Verdasco
Confección y montaje: Raquel C. Ortiz
Corrección: Vicente Camacho y Andrés San Miguel

Las actividades de este libro deben ser realizadas por el alumno en un cuaderno. En ningún caso deben realizarse en el mismo libro.

Torrelaguna, 60. 28043 Madrid
PRINTED IN SPAIN

ISBN: 978-84-294-8198-3
Printed in Spain by Dédalo Offset, S.A.
Depósito legal: M-54281-2008

Presentación

El proyecto **De buena tinta** responde a nuestra inquietud editorial por contribuir a que los niños y niñas vivan la lectura como una fuente de entretenimiento y enriquecimiento personal. Y si con este proyecto conseguimos que, además de disfrutar con la lectura, consoliden aprendizajes y competencias, nos sentiremos más que satisfechos. En ello hemos puesto todo nuestro empeño, nuestra ilusión y nuestro compromiso profesional.

La obra está estructurada en torno a tres narraciones largas, una por trimestre. A su vez, cada narración está dividida en cinco capítulos, con la intención de pautar y facilitar su lectura. Pretendemos que cada capítulo sea un estímulo que despierte el deseo de continuar leyendo.

Entre capítulo y capítulo de las tres historias centrales, el lector podrá sumergirse en el mundo de la poesía, el teatro, el cómic, los cuentos, las adivinanzas, las leyendas, las noticias… con una gran variedad de estilos y temas: fantasía, aventuras, humor, ciencia ficción…

Nos hallamos, pues, ante un libro que por su diversidad de géneros y estilos admite una gran flexibilidad en la organización de la lectura. Esta flexibilidad, además, facilita una eficaz adaptación del programa de lectura a la diversidad del alumnado. En este proyecto, flexibilidad y estructura no se enfrentan, puesto que junto a la variedad temática y de estilo, se propone una graduación de los textos creciente en dificultad y en la que ningún aspecto es casual.

Los textos son ágiles, atractivos e imaginativos, creados especialmente para la ocasión por algunos de los mejores escritores del panorama literario español en cuanto a Literatura infantil se refiere. Estamos hablando, pues, de textos de una alta calidad literaria, que integran con naturalidad, junto a la dimensión creativa, valores universales así como conocimientos propios de la temática curricular.

Unas sencillas –que no simples– actividades de comprensión, permitirán al lector ahondar en los secretos de cada uno de los textos y crear vínculos afectivos con los mismos. En algunos casos, se introducen actividades que facilitarán el contacto con las tecnologías de la información y la comunicación; estas actividades están planteadas para ser realizadas siempre bajo la supervisión de un adulto. Por otra parte, se incluyen propuestas que motivarán al joven lector o lectora a jugar con la lengua y a descubrir sus infinitas posibilidades como instrumento para comprender y expresar pensamientos y sentimientos.

El escritor Ricardo León dijo en una ocasión: «Los libros me enseñaron a pensar y el pensamiento me hizo libre». ¡Ayudemos a nuestros niños y niñas a ser libres de pensamiento y ricos en sentimientos!

Índice

Trimestre 1

El extraordinario señor Poss

Trimestre 2

El enigma de havasupai

Trimestre 3

Aventura en Halifax

Trimestre 1

El extraordinario señor Poss

Autora: Inmaculada Díaz Benítez

Unidad 1

CAPÍTULO 1

Llega el señor Poss

El señor Poss era un hombre de mediana estatura y edad indefinida. Tenía un pelo blanquísimo recogido en una coleta, una nariz importante y unos ojos negros y brillantes. Pero, sin duda, lo más destacado del señor Poss era su voz: una voz dulce, profunda y melodiosa.

El señor Poss llegó a Montespino una soleada mañana de junio. Lo hizo al volante de una vieja furgoneta de color rosa cargada hasta los topes. Aparcó en la plaza del pueblo, entró en el bar de Curro y pidió un café y un bocadillo de caramelos.

–¿Un qué? –preguntó extrañado Curro.

–Un *bocata* de caramelos, por favor.

–¿Me está tomando el pelo, señor?

–Nada más lejos de mi intención, buen hombre.

El señor Poss tenía cara de buena persona y no parecía que quisiera tomarle el pelo, así que Curro insistió:

–Entonces... ¿le pongo un bocata de caramelos al señor?

–Eso le he pedido.

–Bien, pero como nunca he hecho nada parecido... ¿tendría el señor la bondad de indicarme si debo retirar antes los envoltorios de los caramelos?

–La verdad sea dicha: también es la primera vez que tomo un *bocata caramelil*, así que ponga algunos con envoltorios y otros sin ellos.

En medio de un silencio sepulcral, el señor Poss degustó su desayuno ante la mirada atónita de los clientes del bar.

–¡Exquisito! –dijo satisfecho el señor Poss, cuando acabó–. ¿Cuánto le debo?

Curro estaba tan asombrado que se limitó a mover la cabeza de izquierda a derecha varias veces.

El señor Poss interpretó el gesto como un «invita la casa», así que se levantó, dio las gracias, se despidió de todos y, abriendo un paraguas sin tela, salió del bar.

–¡Pero si no llueve! –le gritó un hombre.

–Efectivamente, caballero, por eso uso mi «paranoaguas», que solo tiene las varillas y el mango –respondió el señor Poss.

Cuando el señor Poss se marchó del bar de Curro, los clientes salieron de estampida para contar a familiares y vecinos el extraordinario suceso acaecido. En menos de quince minutos la llegada del señor Poss era conocida por todo el pueblo y la gente se asomaba a las ventanas para ver pasar al hombre del «paranoaguas» que desayunaba cosas extrañas.

Después de un breve paseo, el señor Poss decidió que era hora de ponerse a trabajar, de modo que se dirigió al Ayuntamiento y, con su melodiosa voz, pidió permiso a la alcaldesa para vender en la Plaza Mayor.

–¿Pero qué va a vender? –le preguntó la alcaldesa.

–Deseados, señora. Mi furgoneta está llena de deseados que vendo a buen precio. Le aseguro que todos tienen su certificado de calidad y que nunca he tenido devoluciones.

–Pero… ¿qué son deseados? –insistió la alcaldesa.

–¡Ah! Esa es una buena pregunta que merece una buena respuesta. Mi contestación se halla dentro de la furgoneta. Venga a vernos cuando quiera… ¡Buenos días!

Y, haciendo una fantástica reverencia, el señor Poss abandonó el despacho de la alcaldesa.

Al llegar a la plaza, Poss abrió la puerta trasera de su furgoneta y colocó una escalerita de tres peldaños para que los clientes pudieran subir con comodidad. Luego puso en el techo un gran cartel en el que podía leerse:

Así fue cómo los vecinos supieron cuál era el nombre de aquel extraño, pero no pudieron averiguar qué vendía realmente porque una cortinilla de lunares ocultaba el interior de la furgoneta.

Nadie se atrevía a acercarse y preguntar qué era un deseado. Pensaban que si lo hacían parecerían catetos e ignorantes. Los vecinos se limitaban a mirar desde lejos y a hacer comentarios del tipo: «¿Deseados? No me hacen falta, tengo varios en casa» o «Mi hija me trajo media docena de deseados cuando estuvo en París».

El señor Poss, sentado en una mecedora junto a su furgoneta, hacía punto de cruz y sonreía. Sabía que su primer cliente estaba a punto de llegar.

Actividades

1. Ordena estas frases sobre el señor Poss y copia.

- ☐ Se sienta en una mecedora junto a su furgoneta.
- ☐ Se va a ver a la alcaldesa.
- ☐ Aparca su furgoneta en la plaza del pueblo.
- ☐ Entra en el bar de Curro.

2. Describe al señor Poss. Puedes usar alguna de estas palabras.

extraño | misterioso | egoísta | divertido | educado

3. Inventa y explica.

- Para qué le sirve el «paranoaguas» al señor Poss.
- Qué son los deseados.
- Quién será el primer cliente del señor Poss.

Risas, risas y más risas

Ja, je, ji, jo, ju

Hay risas de colorines,
hay risas que son graciosas,
hay risas como sonrisas
y risas escandalosas.

Hay risas de quita y pon,
hay también risas muy pillas,
hay risas de caramelo
y risas que son falsillas.

Hay muchas risas sin dientes
y también risas robadas.
Hay risas muy pequeñitas
y existen risas pintadas.

Risas de quita y pon

Son risas dibujadas
en un papel.
Te las quitas y pones
con rapidez.

Son cortitas o largas,
¡lo que prefieras!
Son risas que te duran
lo que tú quieras.

Son caretas de risa
de bailarina,
de pirata, de zorro
o de gallina.

Son risas de teatro
y de carnaval.
También, risas de cumple
o de festival.

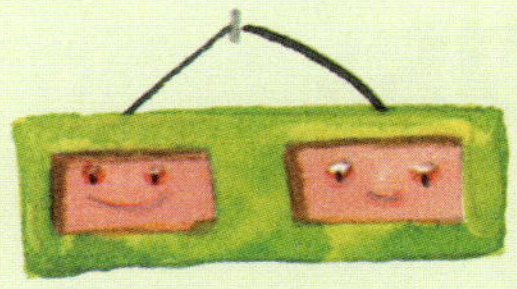

Sonrisas

Las sonrisas parecen
risas pintadas
por un niño que juega
con nuestra cara.

Las sonrisas de risa
no enseñan dientes.
Son solo nuestros labios
los sonrientes.

Las risas de sonrisa
son apretadas,
¡pero saben a risa
las muy saladas!

Las risas de sonrisa
tapan los dientes,
para que no se enfríen
con las corrientes.

Risas de los ojos

Las risas de los ojos
son solitarias
si no vienen los labios
a acompañarlas.

Las risas de los ojos
son muy calladas,
pero llenan de chispas
nuestras miradas.

Las risas de los ojos
son de colores:
azules, verdes, negros
y hasta marrones.

Poemas de Alicia Borrás

Actividades

1. Relaciona cada poema con una de estas afirmaciones.

- Hay miradas que parecen sonreír.
- A veces no llegamos a reír, pero sonreímos.
- La gente se ríe de muy diversas formas.
- A veces nos ponemos risas dibujadas.

2. Localiza estas expresiones y explica qué significan.

Risas de caramelo	Risas sin dientes	Risas de quita y pon

3. ¿Qué poema te ha gustado más? ¿Por qué?

Las orejas viajeras

Las dos orejas de Juanito estaban colocadas a cada lado de su cabeza desde hacía nueve años, justo desde que Juanito llegó al mundo. Nueve años es tiempo suficiente como para que dos orejas se acomoden en una cabeza y vivan felices, pero no era el caso de estas.

Este par de orejas vivía en un continuo sobresalto. Todo el mundo pensaba que Juanito tenía un tic nervioso porque sus orejas se agitaban constantemente. ¡Parecían tener vida propia! Pero esta era su manera de protestar, ya que las pobres orejas no soportaban que Juanito se pusiese auriculares con música al máximo volumen o que siempre hablara a gritos. Tampoco les gustaba que el chico usara bastoncillos, y se ponían a temblar en cuanto se les acercaba uno:

–¡Es espantoso que te metan en la barriga un objeto y lo retuerzan! –se lamentaba la oreja izquierda.

–Parece mentira que Juanito no se haya enterado de lo peligrosos que son.

–¿Cómo lo va a saber? Si vive rodeado de ruidos y no escucha a nadie…

–¿Sabes lo que te digo, hermana? –dijo un día la oreja izquierda, que era muy decidida–. ¡Me voy de esta cabeza desagradecida!

–¡Pues te acompaño, querida!

Así fue cómo las orejas de Juanito desaparecieron de su cabeza.

Los padres de Juanito las buscaron por toda la casa. La policía y los vecinos rastrearon la ciudad durante días, sin éxito.

El caso es que Juanito llevaba más de un mes sordo como una tapia.

Pero… ¿qué había sido de las orejas? ¡Uf! Las orejas se estaban dando la gran vida. Durante una temporada se habían instalado en un palco del Gran Teatro para asistir a los conciertos de música clásica.

–¡Esto sí que es buena música! –exclamaban recostadas en las butacas.

Luego habían viajado hasta la costa, donde se tostaban al sol cómodamente tumbadas en una hamaca.

–¿Nos damos un bañito? –propuso la oreja izquierda.

Las dos orejas se metieron en el agua y se dejaron mecer por las olas. Allí estaban, tan a gusto, cuando un enorme besugo las divisó. El besugo, sin pensarlo dos veces, abrió la boca y se las zampó.

Y aquí se hubiese acabado la historia si no llega a intervenir el destino. El destino hizo que el besugo picara un anzuelo. El anzuelo pertenecía a la caña de pescar del abuelo de Juanito. El abuelo le regaló el besugo al padre de Juanito. El padre, antes de meterlo en el horno, lo abrió para limpiarlo y allí, en el estómago del pez, encontró las orejas de su hijo. ¡Vaya suerte!

Los médicos le volvieron a colocar las orejas a Juanito en su lugar y le advirtieron que debía cuidarlas.

–Mímalas, chico. Pueden volver a fugarse –le dijo el jefe de cirugía.

Juanito, que ha aprendido la lección, cuida sus orejas con esmero, pero no puede evitar preocuparse y cada mañana, al despertar, se hace la misma pregunta: ¿estarán mis orejas en su sitio?

Inmaculada Díaz

Actividades

1. **Responde.**
   - ¿De qué están hartas las orejas de Juanito?
   - ¿Qué deciden hacer? ¿A dónde van?
   - ¿Cómo recupera Juanito sus orejas?

2. **Inventa tú un breve cuento en el que otra parte del cuerpo se escapa. Decide el motivo por el que se marcha y en el lugar adonde va.**

Adivina qué es

Dicen que son de dos,
pero siempre son de una.

(los dedos)

Aunque sepas esto,
mago no serás,
si no sabes dónde
lo digerirás.

(el estómago)

Solo tres letritas tengo
pero tu peso sostengo.
Si me tratas con cuidado,
te llevaré a cualquier lado.

(el pie)

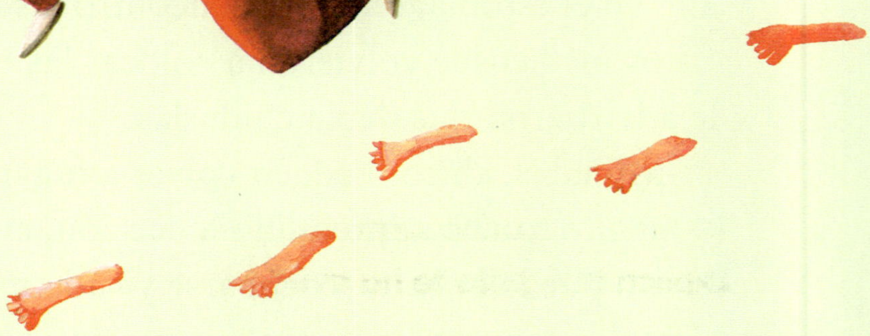

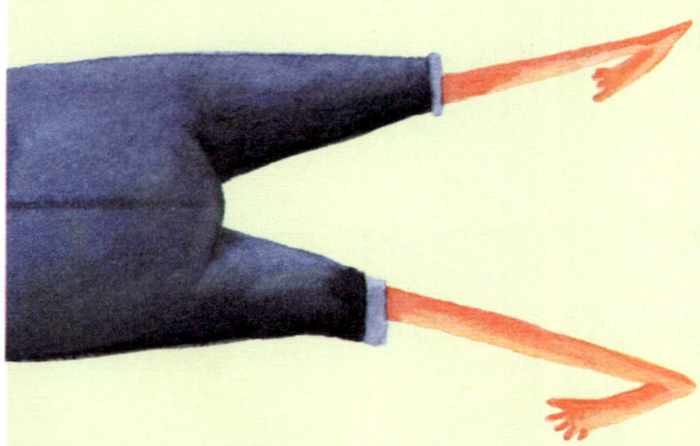

Dos cajitas de cristal,
que se abren y se cierran
sin rechinar.

(los ojos)

Parecen persianas
que suben y bajan.

(los párpados)

Unas son redondas,
otras, ovaladas;
unas piensan mucho,
otras, casi nada.

(la cabeza)

Dos hermanos sonrosados,
juntos en silencio están,
pero siempre necesitan
separarse para hablar.

(los labios)

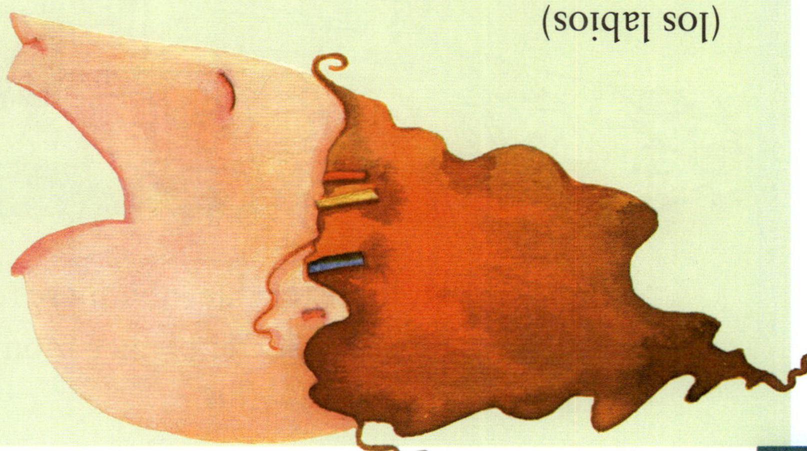

Si aciertas esta pregunta
te anotarás un buen tanto:
¿qué cosa acabada en punta
tienes entre risa y llanto?

(la nariz)

Actividades

1. En todas las adivinanzas hay pistas que nos ayudan a encontrar la solución. Explica qué pista te ha ayudado en cada caso.

En la primera adivinanza la pista es que se incluye la solución, pues aparece la palabra *dedos* (dicen que son *de dos*…).

2. Inventa una adivinanza que incorpore la solución. Sigue estos pasos:

- Piensa primero en una palabra cuyas sílabas puedas partir para que cada una pertenezca a una palabra distinta.
  Ejemplo: *La pizpireta (lápiz).*
- Escribe una frase con sentido que tenga esas dos sílabas seguidas.
  Ejemplo: *Dibuja con la pizpireta punta.*
- Finaliza la adivinanza con otra frase que enlace bien. Si rima, mejor.
  Ejemplo: *Dibuja con la pizpireta punta*
  si tienes a mano un sacapuntas.

CAPÍTULO 2
Nico

Nico quería un hámster. Llevaba meses soñando con tener uno, pero su madre se negó desde el primer momento.

–Ratas en mi casa, no –dijo.

–¡Pero si no es una rata, mami! Es un háms-ter, h-a-m-s-t-e-r –deletreó Nico, intentando que su madre apreciara la diferencia.

–Primo hermano de las ratas –contestó ella inflexible–. ¡He dicho no!

–Estará en mi cuarto, en una jaula. Tú ni lo verás, mami. Yo lo cuidaré.

–Tu cuarto está en mi casa y en mi casa no entran ratas. ¿Entendido?

–¡Entonces viviré en la azotea con mi hámster!

–La azotea también está en mi casa.

–¡Pues viviré en la calle con mi hámster! –amenazó Nico, enfadado.

–¿De qué vivirás?

–Mi hámster y yo seremos artistas. Él hará equilibrios en un alambre y dará vueltas en una noria. Yo tocaré la trompeta. ¡Seré millonario!

–Muy bien, puedes irte.

–¿Ahora?... Ahora, no. ¡Aún no tengo el hámster!

Nico creía que los hámsteres eran los animalitos más tiernos, adorables e inteligentes del mundo. El chico tenía grandes planes para su futura mascota: estaba convencido de que un hámster en sus manos podría convertirse en todo un artista circense.

Nico lo había intentado todo para convencer a su madre: había estado tres días sin hablar, se había manifestado en el pasillo de su casa con una pancarta y hasta había protagonizado una cacerolada. Su madre le prohibió que viera las noticias de la tele.

–Te dan demasiadas ideas –dijo.

Pero Nico era un chico de recursos. Como su cumpleaños estaba próximo, había llamado a todos sus familiares y, tapándose la boca con un pañuelo, imitaba la voz de su padre y decía:

–¡Hola! Soy Juan, el padre de Nico. Te invito al *cumple* de mi hijo. Solo tienes que regalarle un hámster. ¡Adiós!

Todos descubrían que era Nico el que llamaba y le contaban la ocurrencia a sus padres. Alguno de sus tíos intentó convencer a la madre de Nico de que aceptara el hámster. Pero ella contestaba imperturbable:

–Ratas en mi casa, no.

Nico cumplió diez años y tuvo muchos regalos. Pero hámster… ninguno.

Esa mañana, mientras desayunaba, Nico oyó a la abuela decir que había llegado al pueblo un titiritero que vendía cosas extrañas.

–¿Titiritero? ¿Qué es eso, abuela?

–Un titiritero es como un saltimbanqui. Aunque este parece más bien un farandulero estrafalario.

¡Vaya explicación! Nico no había entendido ni una palabra, pero no quiso insistir. Solo necesitaba saber que aquel señor no era peligroso, pues había decidido visitarlo.

❖ ❖ ❖

El señor Poss vio llegar a Nico y le hizo un gesto para que se acercara.

–Adelante, chico. Tengo justo lo que deseas.

–¿Y cómo sabe lo que deseo? –preguntó Nico desconcertado.

–Lo llevas escrito en tu frente. Compruébalo.

Nico fue a mirarse en el espejo retrovisor de la furgoneta y casi se desmaya cuando vio la palabra «hámster» escrita en medio de su frente.

–¿Cómo lo ha hecho? ¿Es usted mago?

El señor Poss le respondió que él solo era vendedor ambulante de deseados y lo invitó a subir a la furgoneta.

–Encontrarás tu deseo en la estantería de la derecha, en la segunda balda, dentro de una caja dorada.

Nico subió y se quedó boquiabierto. La parte trasera de la furgoneta era una enorme sala con suelo de mármol y lámparas de cristal. Dos hileras de estanterías repletas de cajas de todos los tamaños y colores cubrían las paredes. Al fondo había un mullido sofá de color rojo y, en el centro, varios sillones dispuestos alrededor de una gran mesa. ¡Increíble! ¿Cómo podía caber todo aquello en una simple furgoneta?

Nico decidió bajar para comprobar el tamaño real del vehículo. Dio un par de vueltas alrededor de la furgoneta, pero no encontró nada raro.

–¿Algún problema, chico? ¿No encuentras tu caja? –le preguntó el señor Poss desde arriba.

Nico alzó la cabeza y descubrió al señor Poss sentado en el techo de la furgoneta. Estaba haciendo punto o al menos eso parecía, porque movía las agujas, pero el ovillo de lana no se veía por ningún sitio.

–¿Quién es usted? ¿Un brujo? ¿Un alienígena? ¿Cómo ha hecho lo de ahí dentro? Y… ¿por qué teje sin lana?

–Veo que tienes preguntas, que deseas saber. Bien, entra de nuevo en la furgoneta y encuentra tu caja. Cuando salgas, te responderé.

Nico no tuvo dificultad en encontrar su caja pues, aunque había varias doradas, una llevaba escrito su nombre en letras luminosas. Emocionado, la cogió y comenzó a abrirla. De repente, algo salió disparado del interior de la caja. Sobresaltado, el niño retrocedió, tropezó con un mueble y cayó al suelo dándose un buen culazo.

Aún estaba en el suelo cuando la cabecita de un hámster, tocada con una chistera, apareció ante él.

–¡Vaya un recibimiento, colega! –dijo el hámster con una vocecilla aflautada.

Nico, incapaz de articular palabra, se levantó sin apartar los ojos de aquel ser que, además de la chistera, llevaba una chaquetita de rayas rojas.

–¡Vamos, vamos! –le animaba el hámster–. No tenemos todo el día.

–Pe... pe... pero... ¿quién eres?

–Soy tu hámster. Justo lo que tú querías. Canto, bailo, hago trucos de magia y estoy dispuesto a aprender todo lo que me enseñes.

–¡Genial! –aplaudió Nico, totalmente entusiasmado–. Te llamaré «El gran Arturo». ¿Vale?

–Puedes llamarme como quieras, chaval. ¿Nos vamos? ¡El mundo nos espera ahí fuera!

Nico dudó un momento. El gran Arturo quiso saber qué pasaba.

–Si te llevo conmigo tendremos que vivir en la calle porque mi madre no te quiere en casa –dijo Nico.

–Tranquilo, chaval. Soy tu deseo. Solo tú y quien tú quieras podrá verme.

Con el corazón a punto de estallarle de alegría, Nico guardó a Arturo en la caja y bajó de la furgoneta. Estaba deseando llegar a casa.

El señor Poss seguía sentado en el techo tejiendo algo invisible.

–¡Señor! He encontrado mi hámster, es increíble. Estoy tan... tan contento que quiero gritar. ¡Mil gracias!

–¿No olvidas algo? –le preguntó el señor Poss.

Nico se dio cuenta de pronto: ¡el precio! No habían hablado del precio. ¿Cuánto podía costar un hámster tan especial? Él solo tenía dos euros en su hucha. No podría pagarlo. Con pesar, dejó la cajita dorada en la escalera.

–¿Qué haces? No me refería al dinero –el señor Poss había leído el pensamiento de Nico–. No puedes pagar por una cosa que te pertenece.

–¿Está seguro?

–Como que dos y dos son ocho. ¡Huy, perdón! Cuatro, ¿o son cinco? Me refería a que olvidabas tus preguntas... –dijo el señor Poss.

Pero a Nico, que había cogido de nuevo su caja y la abrazaba, ya no le importaba quién era el señor Poss ni de dónde había salido.

–¿No quieres saber nada más? –insistió el señor Poss.

–Solo una cosa, señor... ¿Por qué teje sin hilo?

–¡Ah! Sí que uso hilo. Es una madeja de viento del Norte. Me estoy haciendo una bufanda de verano.

–Debería usar algunas hebras de hielo. Sería más fresquita. ¿No cree?

–¡Buena idea! Lo haré.

–¡Adiós, señor Poss! Y gracias.

–¡Adiós, Nico!

Actividades

1. Responde.

- ¿Quién es Nico?
- ¿Qué quiere? ¿Qué hace para conseguirlo?
- ¿Crees que Nico tendrá algún problema con el hámster cuando llegue a casa?

2. Una vez dentro de la furgoneta, Nico sale de nuevo para comprobar el tamaño real del vehículo. ¿Por qué lo hace?

3. Cuenta quién es y cómo es «El gran Arturo».

Deportes y deportistas

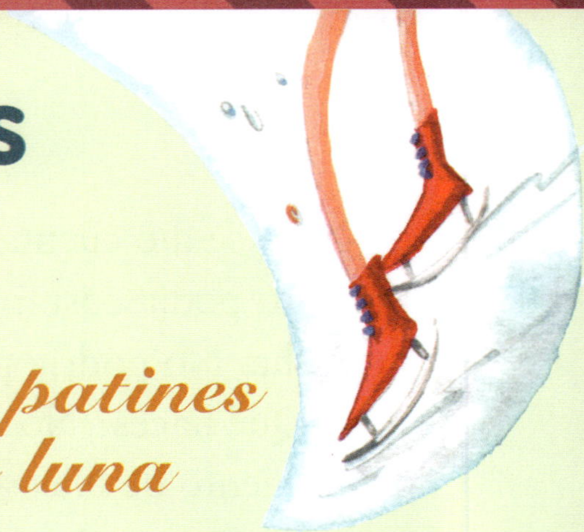

Fútbol

Dale bien fuerte, golpea
la pelota, compañero,
verás que no se estropea,
es de cuero.

Avanza al campo contrario,
no te pares, sigue recto.
¡Qué regate extraordinario!,
¡fue perfecto!

Pero centra ya, comparte
con los otros el balón;
fútbol es deporte y arte
si hay unión.

Tan cerca ya de la meta
al defensa sin cintura
le haces la bicicleta,
¡qué locura!

Allí tienes al portero:
está justo frente al sol,
pásasela al delantero,
que eso es gol.

Gol de todos, del equipo,
gol de lujo, de bandera,
demuestras que eres un tipo
de primera.

Antonio A. Gómez Yebra

Los patines y la luna

Cómo rayan las cuchillas
la dura pista de hielo;
cómo enmarañan las líneas
con ese punzón de acero.

La luna, recién planchada,
anda buscando un espejo
donde poder contemplarse.
En la superficie helada,
de pronto, se ha descubierto
cubierta de tatuajes.

Ana Rosetti

La nadadora

La nadadora
corta las aguas en dos
como el mascarón de proa
de un navío.
Veloces sus remos son
pero no pierden el ritmo.

Mientras nada,
van saliendo de sus pies
dos cintas de perlas blancas.
Es como el pez
que valientemente avanza:
dos largos… tres… siete… diez…

Y despedaza
el espejo azul celeste
si del trampolín se lanza
en la piscina.
Un cráter de espuma crece
después de la zambullida.

Ana Rossetti

Actividades

1. En el poema *Los patines y la luna,* ¿qué quiere decir «la luna se ha descubierto cubierta de tatuajes»?

- Que ve reflejada su imagen en el hielo rayado por las cuchillas de los patines.
- Que la luna se mira al espejo y descubre manchas en su cara.

2. Lee de nuevo el poema *La nadadora* y responde:

- ¿Qué son las dos cintas de perlas blancas? ¿Y el espejo azul celeste? ¿Qué es el cráter de espuma?

❒ Escribe de nuevo el texto con tus palabras. No hace falta que rime.

Personas que dejan huella

Una deportista excepcional

Purificación Santamarta nació en Burgos, en 1962. Cuando era muy pequeña, sus padres se dieron cuenta de que tenía problemas en la vista. Con la esperanza de que ganara algo de visión, a los ocho años la operaron, pero tras la operación se quedó completamente ciega.

Cualquier niña de su edad se hubiera hundido en la tristeza, pero ella se armó de valor y comenzó a practicar atletismo. A los dieciséis años, participó en su primera competición. Desde entonces no ha dejado de entrenar ni un solo día.

El resultado de ese esfuerzo ha dado sus frutos. Hoy en día, Puri es la atleta más **laureada** de todos los tiempos. Son incontables las medallas ganadas por esta corredora en campeonatos y en los **Juegos Paralímpicos**.

Como todos los deportistas ciegos, Puri necesita la ayuda de un guía para competir. La compenetración guía-atleta es muy importante, ya que el guía se convierte en los ojos del atleta y ambos corren como una sola persona. Para conseguir esa perfecta coordinación, se necesitan muchas horas de entrenamiento. El guía de Purificación ha sido su hijo Alberto.

Purificación es una leyenda en la historia del deporte, no solo por sus éxitos como atleta, sino también por sus valores humanos y por su afán de superación. En una ocasión dijo: «Mi reto es no perder nunca el ánimo. La capacidad de esforzarse, de trabajar día a día por conseguir algo, nada tiene que ver con la vista. Soy deportista, aunque sea ciega».

Purificación Santamarta es una estrella que brilla con luz propia.

M

- **laureada:** premiada.
- **Juegos Paralímpicos:** Juegos Olímpicos en los que solo participan discapacitados.

La competición más allá del deporte

Earvin Johnson, más conocido como «Magic» Johnson, nació en 1959, en Michigan (Estados Unidos). Con tan solo quince años, jugó un partido de baloncesto que lo convirtió en una leyenda. Fue entonces cuando recibió el apodo de «Magic», debido a su habilidad para encestar el balón y facilitar pases a sus compañeros, a quienes contagiaba su entusiasmo y generosidad.

«Magic» Johnson no tenía rival en la cancha. Estuvo trece temporadas en la liga de baloncesto americana, la NBA, donde ganó cinco campeonatos.

En el año 1991, su vida cambió al saber que era portador del virus del SIDA. La noticia conmocionó al mundo. Johnson creó entonces la Fundación Magic Johnson para la prevención e investigación de esta enfermedad. En los barrios más pobres, construyó centros dedicados a la educación, la salud y las necesidades de las personas más desfavorecidas.

En 1992 formó parte del equipo estadounidense de baloncesto que ganó la medalla de oro en las Olimpiadas de Barcelona. Aquel equipo, llamado el *Dream Team,* fue el mejor equipo de baloncesto de la historia.

Considerado una estrella mundial del baloncesto de todos los tiempos, «Magic» Johnson abandonó el deporte en 1996. Desde entonces, su lucha contra el SIDA es la mayor y más importante competición de su vida.

Elena O'Callaghan i Duch

Actividades

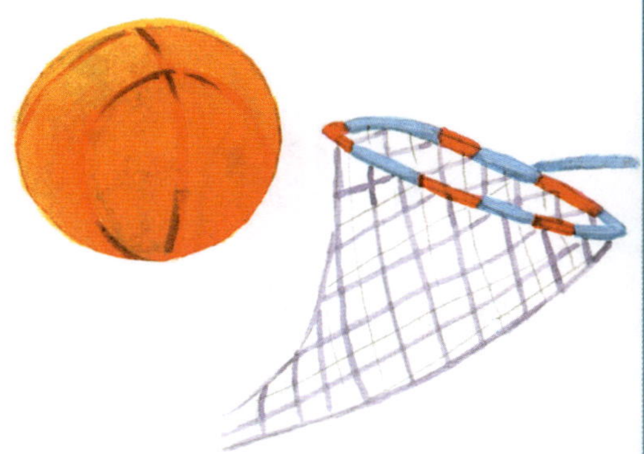

1. Explica qué tienen en común los dos textos.

2. Fíjate en el título de la lectura, *Personas que dejan huella,* y responde:

- ¿Por qué crees que lleva ese título?
- ¿Qué otro título elegirías para ambos textos?

Jugadores de baloncesto	Personas luchadoras	Deportistas paralímpicos

❒ ¿Conoces a otras personas «que dejen huella»?

CAPÍTULO 3

La estrella sin estrella

Mientras esperaba la llegada de nuevos clientes, el señor Poss fabricaba sus «gafasparallantos». Eran unas gafas fantásticas que no solo recogían las lágrimas sino que, además, consolaban. Las gafas eran muy solicitadas en los primeros días del curso para usarlas en colegios y guarderías.

El señor Poss estaba terminando precisamente un par de gafas cuando llamaron a la puerta de su furgoneta.

–¡Buenos días, señor!

Allí estaba la tímida Estrellita, con sus enormes ojos azules, temblando como un flan y casi a punto de echar a correr. Menos mal que la dulce voz del señor Poss la calmó al instante:

–¡Buenos días, señorita! La estaba esperando.

–¿Cómo puede ser? Si yo misma no sabía que iba a venir…

–Pero mi «relojavisaclientes» sí lo sabía. Gracias a él satisfago cualquier pedido al instante.

–No creo que tenga lo que necesito –suspiró la niña.

El señor Poss entró en su furgoneta y volvió a salir al instante con un frasco de cristal en las manos.

–Aquí tienes. Es esencia de paciencia y valentía. También lleva un poco de confianza en ti misma.

Estrella cogió el frasco y lo observó detenidamente.

–Parece mermelada…

–¡Y sabe a mermelada de mandarinas! –aseguró el señor Poss–. Solo tienes que untarla en tu tostada cada mañana.

–¿Cuánto vale? No tengo mucho dinero.

–Me pagarás con una entrada para ver tu primera actuación.

La niña y el señor Poss chocaron las palmas de sus manos.

–¡Hecho!

Estrellita sonreía camino de casa de sus abuelos abrazada al tarro de cristal. ¡Menuda sorpresa se iban a llevar sus padres! Se acabó el dejarla en el pueblo con los abuelos mientras toda la familia estaba de gira. Ella también sería artista como su padre, su madre y sus hermanos. Ella también pertenecería al circo, al Gran Circo Mundial.

Y es que toda la familia de Estrella eran famosos artistas de circo. Su padre era domador de leones y tigres. Su madre y Sofía, su hermana mayor, eran trapecistas. Los gemelos, Pedro y Miki, hacían equilibrios sobre caballos que corrían a toda velocidad por la pista. También pertenecían al mundo del circo sus tíos y sus primos. Y todos tenían unas dotes extraordinarias.

Estrellita era la excepción, el bicho raro de la familia. Ya tenía nueve años y no había demostrado aún ninguna habilidad circense. Era tímida, llorona y asustadiza. Adoraba a los animales, pero les tenía alergia. Además, no tenía sentido del equilibrio y todos la consideraban torpe y patosa.

Estrella echaba de menos a sus padres y a sus hermanos. Se había convertido en una niña solitaria, y se sentía inútil. Por eso había acudido a la furgoneta de Poss en busca de algo muy deseado: tener madera de artista.

Mientras desayunaba su primera tostada, Estrella se preguntaba qué clase de artista conseguiría ser…: ¿trapecista?, ¿equilibrista?, ¿domadora?, ¿contorsionista?, ¿o tal vez, ilusionista? No había preguntado al señor Poss sobre ese asunto y en el frasco de mermelada no había ninguna etiqueta informativa. Tendría que probar de nuevo a caminar sobre el palo de la fregona apoyado en dos sillas, a amaestrar lagartijas o a hacer trucos de magia… Aunque esta vez sería diferente, ¡esta vez lo conseguiría!

Pero, al cabo de dos semanas, el tarro de mermelada había menguado tanto como las ilusiones de Estrella, que seguía fracasando en todo lo que intentaba. Con la última tostada en la mano y sus esperanzas a punto de desvanecerse, Estrella subió a la azotea. Le gustaba ver desde arriba los tejados de las casas y el campanario de la iglesia. Allí arriba, más cerca del cielo, quizás se le ocurriera alguna solución para su futuro artístico…

En una maceta de geranios, Estrella encontró un bote para hacer pompas de jabón que le había regalado su abuelo hacía tiempo. Lo cogió y mojó la cañita en el agua jabonosa. Mientras soplaba, se preguntaba por qué las pompas tienen que ser siempre redondas. Podrían ser cuadradas o tener forma de corazón…

En ese momento, la pompa que surgía del extremo de la cañita adoptó la forma de un enorme corazón rosado. Estrella sopló de nuevo. Esta vez, una pompa en forma de pez apareció delante de su nariz. ¡Justo la forma que había deseado! Luego pensó en aviones, serpientes, elefantes… Todo lo que imaginaba tomaba forma al instante con los colores más hermosos y brillantes. El cielo y las calles de Montespino empezaron a llenarse de fantásticas burbujas. Los niños corrían tras ellas e intentaban atraparlas.

–¡Eh! ¡Mirad! –dijo alguien, señalando a Estrellita–. ¡Salen de allí! Esa niña las hace.

Y allí estaba Estrella, sentada en la azotea, dejando caer sobre el pueblo una mágica lluvia de pompas. Los vecinos, asombrados, se reunieron ante la puerta de la casa. La niña los maravilló a todos con sus hermosas pompas. Cuando terminó, hizo una graciosa reverencia y el público estalló en una gran ovación.

Estrella había recibido su primer aplauso y se sentía muy feliz.

Al atardecer, el señor Poss estaba muy atareado sacándole brillo a su furgoneta. Su estancia en Montespino llegaba ya a su fin.

De repente, unos gritos lo sobresaltaron. Estrella venía a todo correr:

–¡Señor Poss! ¡Señor Poss! ¡Necesito su ayuda!

–¿Qué ocurre?

Estrella le contó lo que había sucedido con las pompas. Después, muy angustiada, continuó hablando:

–Señor Poss, mis padres llegan esta tarde. Los abuelos les han contado lo ocurrido y vienen a buscarme. ¡Quieren que actúe en el circo!

–¡Estupendo! ¡Eso es fantástico!

–¡No! ¡Es horrible! El agua jabonosa se me ha acabado. ¿Cómo voy a hacer burbujas mágicas otra vez?

Estrella lloraba tan desconsoladamente que el señor Poss tuvo que dejarle una de sus famosas «gafasparallantos». Las gafas funcionaron al momento. La niña, más tranquila y relajada, fue a sentarse en el bordillo de la acera. El señor Poss se sentó su lado.

–Escúchame bien, Estrella –le dijo–. El agua de ese bote no era mágica ni especial. Tú hiciste que lo fuera.

–¿Quiere decir que puedo hacerlo otra vez, con agua y jabón normal?

–O con agua del mar, o del río, o de un charco… La magia está en ti.

–¿Lo hice yo sola? –preguntó Estrella, que ya se había tranquilizado por completo.

–Lo hizo tu deseo sincero de ser una artista y… ¡la mermelada de mandarinas!

–¿El efecto de esa mermelada es duradero?

–Tan duradero como tú desees –aseguró el señor Poss, tranquilizándola.

La niña abrazó al señor Poss y le estampó un sonoro beso en la mejilla.

–Gracias, señor Poss.

Después sacó una arrugada entrada del bolsillo de su vaquero y se la entregó, diciéndole:

–Tome, es una entrada para ver la función del circo. Venga a verme. ¡Haré burbujas especiales para usted!

Al señor Poss se le escaparon dos lágrimas. Estaba muy emocionado.

–Anda, préstame un ratito tus «gafasparallantos» –le dijo a Estrella.

Actividades

1. Describe a Estrella siguiendo este guión:

- Cómo es.
- Qué carácter tiene.
- Cómo quiere ser.
- Cuál es su mayor deseo.
- Cómo es su familia.
- Dónde viven.

2. El título de este capítulo, *La estrella sin estrella*, contiene un juego de palabras. Piensa y responde.

¿Por qué se titula así?

¿Tiene alguna relación con el nombre de la protagonista?

3. Ordena la secuencia y escribe una frase para cada dibujo.

Si quieres ver a un gran artista que hace espectáculos con pompas de jabón, puedes entrar en esta página de Internet:

http://www.pepbou.com

Disparates disparatados

¡Marcianos!

¿Qué está haciendo don Marciano
en la huerta de Palmira?
Está buscando repollos,
zanahorias y judías.

¿Qué está haciendo don Marciano
en la huerta de Tomasa?
Está cogiendo lechugas,
tomates y remolachas.

¿Qué está haciendo don Marciano
en la huerta de Ricardo?
Está buscando cebollas,
nabos, acelgas y cardos.

¿Qué está haciendo don Marciano
en la huerta de Rufino?
Está cogiendo guisantes,
coles, ajos y pepinos.

En su galáctica nave
ya no cabe ni una berza,
y todo allí dentro huele
a verdura verde y fresca.

¿Y por qué se lleva a Marte,
tantas berzas, don Marciano?
La solución es muy fácil…
¡Pues porque es vegetariano!

Alicia Borrás

Ensalada de frutas

Rodaja de naranja,
rodaja de limón,
pétalos de azucenas
de delicado olor.

Trocitos de ciruelas,
bolitas de melón,
hojas de hierbabuena,
pipas de girasol.

Virutas de manzana,
gotitas de mentol,
cristalitos de pera
y de melocotón.

Serpentina de fresa
como un tirabuzón,
flores de mango y piña,
cintas de tornasol.

Uvas de moscatel,
cerezas de charol;
y caramelo líquido
formando un corazón.

En copa de cristal,
sombrilla de Japón,
una bengala lanza
un fuego de color.

Manuel Jurado

Actividades

1. Elige las palabras más adecuadas y completa la estrofa.

Juan	puerros
Pedro	fresones

¿Qué está haciendo don Marciano
en la huerta de don ______?
Está buscando pimientos,
calabacines y ______

2. Inventa otros ingredientes para añadir a la *Ensalada de frutas* y escribe una estrofa.

El diario de Lucía

14 de septiembre

Querido diario:

Mañana será un día especial. Empiezo las clases en el nuevo cole y estoy un poco nerviosa. Papá dice que es un colegio muy bonito y con un gran jardín. La verdad es que estoy emocionada.

En pocos meses ha habido muchos cambios en mi vida. No solo he tenido un nuevo hermanito sino que, además, nos hemos mudado de ciudad. Echo de menos a mis amigos: a Carlos, a Azucena, a Maite. Aunque nos escribimos, no es lo mismo que tenerlos cerca. Mamá no quiere verme triste y dice que pronto aquí también tendré amigos. ¡Eso espero!

15 de septiembre

¡Estoy furiosa, diario!

Hoy he empezado el curso en el nuevo colegio y las cosas no han podido ir peor. Los compañeros de clase no han dejado de burlarse de mí. Me han llamado gorda, cuatro ojos y enana. Nada más entrar en clase, un niño estúpido me ha señalado, riéndose, mientras gritaba: «¡Mirad! ¡Una cerdita con gafas!». Algunos le han seguido la gracia. Otros han hecho como que no se enteraban. Solo una chica alta ha salido a defenderme.

La chica alta se llama Noelia. Tiene diez años y la cara llena de pecas. Ella ha sido la única que ha estado conmigo en el recreo. No sé, quizá podamos ser amigas. Aunque ¡echo tanto de menos a Azucena…!

3 de octubre

Querido diario:

Las cosas no mejoran en clase. Algunos se burlan de mí y nadie habla conmigo. Estoy segura de que, si me conocieran, les caería bien. Menos mal que está Noelia. Es la única con la que puedo estar.

Mamá está preocupada, porque me ve triste. Dice que va a ir a hablar con el profesor. Ya veremos.

7 de octubre

Querido diario:

¡Ha sido maravilloso! ¡Hoy me han aplaudido en clase! Y luego, en el recreo, todos me rodeaban y no paraban de hacerme preguntas. Te cuento.

Resulta que el profesor nos había pedido que escribiéramos una redacción sobre nuestras vacaciones. Yo he decidido contar mi viaje a Guatemala para visitar a los tíos. He llevado fotos de la selva y de las playas llenas de palmeras y cocoteros. Ha sido espectacular.

Les he contado que Guatemala está al otro lado del océano, en América, y que está lleno de volcanes y lagos. Los he dejado con la boca abierta. Sobre todo cuando han visto mi foto colgada de una liana como si fuera Tarzán, saltando sobre una cascada. Al acabar, hasta Alfredo, el niño tonto que siempre me llama cuatro ojos, ha venido a felicitarme. Creo que, desde ahora, nadie se va a meter conmigo. ¡Ojalá!

Un beso fuerte ¡y hasta mañana!

Texto de Irene Genovés

Actividades

1. Escoge la opción que creas mejor y cuenta por qué.

Un diario es…

- ☐ un periódico que se publica a diario.
- ☐ un texto que una persona escribe cada día para contar lo que le va ocurriendo.

Este diario está escrito por…

☐ Lucía. ☐ Irene Genovés.

2. Hace poco que has empezado de nuevo el colegio. Piensa y contesta.

- ¿Ha llegado alguna niña o niño nuevo a tu curso? ¿Cómo lo has recibido?
- Si el alumno nuevo eres tú, ¿cómo te sientes con tus nuevos compañeros?

3. De todos los personajes que aparecen en el diario, ¿con cuál te identificas más? ¿Por qué?

El Perióloco

Planta carnívora se vuelve vegetariana

La comunidad científica, asombrada ante un hecho sin precedentes

Todo comenzó cuando el señor Pere Gil, coleccionista de plantas exóticas, compró en la Exposición Internacional de **Botánica**, celebrada la semana pasada, una planta carnívora llamada *Dionaea muscipula*, más conocida popularmente por el nombre de Atrapamoscas.

La intención de Pere Gil era decorar con ella su cocina. En sus declaraciones, Gil comentó que conocía perfectamente esta planta carnívora originaria de los Estados Unidos, así como los cuidados que requiere.

«La alimentación de esta planta –declaró a nuestro periódico– consiste en riegos de agua y en darle, una vez por semana, una mosca u otro bichito pequeño. Nunca se le deben dar insectos de gran tamaño, ya que la planta podría morir de una indigestión. Es apasionante ver cómo la planta se mueve para apresar el insecto».

De ahí que Gil quedara muy sorprendido cuando la Atrapamoscas se lanzó sobre una lechuga que había en el mármol de la cocina. El hombre avisó de inmediato a la directora del Instituto de Investigación Botánica de la ciudad, Margarita Clavel, quien por ahora no ha querido hacer declaraciones. Sin embargo, un miembro de su equipo, el científico Jacinto Rosal, ha apuntado al cambio climático como posible causa de tan sorprendente conducta. Por el momento, la Atrapamoscas –o Atrapalechugas– está siendo investigada en el laboratorio. Mientras tanto, las moscas del Instituto pueden estar tranquilas.

M.

- **Botánica:** ciencia que estudia las plantas.
- **eslogan:** frase corta con la que se anuncia algo.

Manifestaciones de plantas naturales

Reivindican sus puestos de trabajo y alertan sobre su posible desaparición

Unas quinientas macetas, según fuentes oficiales, se manifestaron ayer tarde por el Paseo de los Tilos de nuestra ciudad.

La manifestación, que transcurrió de forma pacífica, tenía por objeto llamar la atención de las autoridades sobre la tendencia, cada vez mayor, de sustituir las plantas naturales por imitaciones de tela o plástico.

En las pancartas se podían leer lemas como: «Naturaleza viva sí, naturaleza muerta no». El **eslogan** más coreado fue: «¡Esto es nefasto, no queremos plástico!».

La manifestación fue encabezada por el portavoz del sindicato del PPP (Plantas en Peligro de Plastificación), que declaró: «Por una parte, eliminan nuestros puestos de trabajo. Por otra, y eso resulta aún más alarmante, esta tendencia a reemplazar las plantas naturales por artificiales pone en peligro no solo la vida de las plantas sino también la de los humanos. De seguir así, primero desaparecerán los viveros y los jardines, para acabar desapareciendo, a la larga, los parques e incluso los huertos y los bosques».

Textos de Elena O'Callaghan i Duch

Actividades

1. Responde.

- ¿Crees que pueden ser ciertas estas noticias? ¿Por qué?
- ¿Qué te sugieren los nombres propios que aparecen en la primera noticia?

2. Resume lo más importante de cada noticia.

3. Redacta una noticia para *El Perióloco* sobre este tema.

El señor Mac Nolia ve cómo las magnolias de su jardín amenazan con denunciarle por usar su nombre, dado que ellas ya se llamaban así antes de nacer él.

CAPÍTULO 4

El cliente sin huellas

El señor Poss condujo toda la noche en dirección a la costa. Estaba amaneciendo cuando aparcó su furgoneta en el paseo marítimo de Albeira de Mar. El señor Poss miró por la ventanilla: la playa estaba desierta; sin embargo, su «relojavisaclientes» señalaba la presencia de un comprador por los alrededores.

De repente, un chico extraño apareció a su lado como por arte de magia.

–¡Buen amanecer! –dijo el desconocido, que vestía un chándal negro con capucha y tenía muy mal aspecto.

–¡Hola! Te estaba esperando. Soy Poss, vendedor de deseados.

–Yo soy Edelmiro y quiero saber si tiene lo que necesito.

–Seguro que sí. ¿Quieres echar un vistazo en mi furgoneta?

Edelmiro contestó que no podía entretenerse, porque el sol estaba a punto de salir y era peligroso para él. Aseguró que volvería al anochecer para hacer su pedido y se alejó corriendo por la arena.

«¡Hummm… muy curioso! Sus pisadas no dejan huellas. Añadiré un lote de huellas a este encargo», pensó el señor Poss.

El señor Poss estuvo muy ocupado toda la mañana localizando las huellas perdidas de Edelmiro. Utilizó un *spray* de espuma violeta para rociar la zona. La espuma se volvía de color naranja si hallaba la huella buscada. Entonces el «atrapahuellas», una especie de aspirador de bolsillo, la succionaba. El «atrapahuellas», además, llevaba incorporado un altavoz que le proporcionaba a Poss toda la información necesaria:

–Colección de huellas de zapato deportivo del número 40 en proceso de finalización.

El señor Poss estaba arrodillado en medio de la calle Real, cuando el jefe de policía interrumpió su labor de búsqueda.

–Señor, ¿ha perdido algo?

–No, no. Gracias agente –respondió Poss–. Ya las tengo todas...

–Entonces, por favor, levántese. Está obstaculizando el paso de peatones por la vía pública. Esta acción es un delito.

–¡Corcho! Creo que se equivoca, agente. Solo recojo las huellas fantasmas de Edelmiro –respondió el señor Poss muy sorprendido.

–¿Huellas fantasmas? –el agente sacó inmediatamente el cuaderno de multas–. ¡Ya, ya...! Veo que, además de estorbar, al señor le gusta tomar el pelo a la autoridad.

–¡Eso es imposible! –protestó el señor Poss–. ¡No le puedo tomar el pelo porque usted está casi calvo!

–¡Muy gracioso! ¿Sabe que la falta de respeto a la autoridad también es un delito?

–Agente, tranquilícese –pidió el señor Poss–. A usted no le falta respeto, le falta pelo, y eso lo arreglo yo. En mi furgoneta tengo lo que necesita.

El policía se rascó la cabeza y, bajando mucho la voz, preguntó:

–Señor, ¿tiene un crecepelo? Yo siempre he deseado tener una hermosa cabellera rubia, como la de la sota de oros.

–Si ese es su deseo, la tendrá. Pase por mi furgoneta a las cinco en punto. Le daré algo de efecto inmediato.

Y dejando al jefe de policía con la boca abierta, el señor Poss regresó a su furgoneta. Ya estaba anocheciendo, así que sacó su mecedora y se dispuso a esperar.

No habían pasado ni cinco minutos cuando Edelmiro apareció ante él:

–¡Buenas noches, señor!

–¡Repámpanos, Edelmiro! Me has asustado. ¿De dónde has salido?

–Acabo de materializarme detrás de los contenedores de basura. No me gusta que me vean hacerlo, porque los chicos se alarman con facilidad.

–Tienes razón. Conviene ser discreto –comentó el señor Poss.

–Estoy cansado de salir solo de noche, de no ver la luz del día y de no ir al instituto. ¡Estoy cansado de ser un fantasma! –se lamentó Edelmiro.

–Lo comprendo. ¿Y qué quieres? ¿Ser un chico normal?

–Es lo que más deseo. Realmente yo no debería ser un fantasma. Soy víctima de un error.

–¡Es terrible, chico! Y… ¿vives solo?

–Sí, vivo en la casa abandonada de la colina. ¿Podría ayudarme, señor?

–¡Claro! Sube a la furgoneta.

Edelmiro subió a la parte trasera de la furgoneta. Junto a la puerta se amontonaban las cestas de la compra. Edelmiro cogió una y empezó a recorrer la estancia. Miles de objetos se exponían, clasificados y numerados, en las estanterías que cubrían las paredes.

–¿Dónde debo buscar? –preguntó Edelmiro alzando la voz.

–Depende de lo que desees –contestó el señor Poss desde fuera.

–Quiero tener un cuerpo, como la gente normal.

–Pues busca en la estantería de la C, en «cuerpos sólidos».

–¡Genial! ¡Ya sé cómo buscar! –gritó Edelmiro.

–Bien, tómate el tiempo que quieras –respondió el señor Poss.

En la estantería de la C, Edelmiro encontró un tarro con una sustancia blanca y cremosa. En las instrucciones de uso pudo leer: «Cola solidificadora para cuerpos». Edelmiro también deseaba tener un aspecto saludable, así que se dirigió a la sección de cosmética; allí cogió una crema anticadavérica que devolvía un color sano a las pieles más muertas.

–Todo controlado. ¡Ya estoy listo para vivir al sol! –gritó feliz Edelmiro.

El señor Poss aseguró que le faltaba un detalle y le entregó una caja de zapatos. Mientras Edelmiro la abría, el vendedor le dijo:

–La otra noche me di cuenta de que no dejas huellas al caminar.

–Los fantasmas somos así –explicó Edelmiro con tristeza–. Existimos, pero no existimos, por eso no tenemos huellas.

–Pues yo he recuperado tus huellas fantasmales y las he convertido en huellas reales. Solo tienes que pegar un par de ellas a tus zapatos y, a partir de ahora, ¡dejarás huellas, chaval!

Edelmiro estaba tan contento que empezó a hacer piruetas elevándose del suelo. En una de sus piruetas, traspasó la carrocería de la furgoneta y salió por el techo. En ese momento, llegó el coche patrulla y el policía bajó de él.

–¡Diantres! –exclamó el agente al ver las evoluciones de Edelmiro–. ¡Al suelo, señor Poss! ¡Nicanor Ronacín lo salvará de ese pajarraco!

–¿Qué hace? ¡Baje el arma! –le ordenó el señor Poss–. ¿No ve que es un muñeco? Lo estoy probando. Verá, le ordenaré que aterrice en aquellas dunas.

–Bicho, ¡te ordeno que aterrices en la duna! Cambio y corto.

Edelmiro, fingiendo ser un rígido muñeco, aterrizó y se quedó tumbado en la arena.

–¡Increíble! –silbó admirado el policía–. ¿Cuánto cuesta ese juguete? Quisiera comprárselo a mi hijo.

–Lo siento, aún no está en venta. Pero, dígame, ¿por qué llega tan tarde?

–He tenido mucho trabajo. Los vecinos han denunciado que en la casona de la colina ocurren cosas raras –dijo el jefe de policía.

–¿Cosas raras? –preguntó el señor Poss.

–Sí, creen que hay fantasmas. La casa se ilumina de noche y se oyen ruidos extraños. He estado allí toda la tarde, vigilando.

–¿Y qué ha descubierto?

–Lo que ya sabía: que los fantasmas no existen. Allí solo hay gatos.

–¡Qué listo es usted, agente! Y, ahora, cumplamos su deseo.

El señor Poss subió a la furgoneta, abrió la guantera y sacó una baraja de cartas. Todas las cartas eran iguales. Todas eran sotas de oros.

–Péinese con la baraja –dijo Poss.

–¿Peinarme? ¿Me toma el pelo? –respondió el policía.

–Pues sí, ahora mismo.

El señor Poss le arrancó al agente cuatro pelos de los pocos que le quedaban, los introdujo entre las cartas y las barajó. Luego mostró las cartas. Los cabellos dorados de la sota de oros habían desaparecido.

–¡Asombroso! ¡Qué truco más bueno! ¿Cómo lo ha hecho?

–Muy fácil. He hecho un intercambio: usted tiene el cabello de la sota de oros y ella, su brillante calva.

El policía subió a su coche y se miró en el espejo retrovisor. Al ver unos hermosos bucles dorados escapando por debajo de su gorra, casi se desmaya.

–¡Graciaaaasss, señor Poooosss! –gritó por el megáfono del coche patrulla.

El señor Poss utilizó toda la potencia de su maravillosa voz para contestarle:

–¡De naaaadaaaa!

Edelmiro reapareció entonces sonriendo. Ya tenía un cuerpo real y sólido. Para celebrarlo, invitó al señor Poss a tomar chocolate con churros.

Actividades

1. Contesta.

- ¿A qué dos personajes ayuda el señor Poss en este capítulo?
- ¿Cuál era el problema de cada uno de ellos? ¿Cómo los soluciona Poss?

2. Completa y copia.

El policía se llama _____ y desea tener _____

El policía quiere disparar a _____, pero el señor Poss _____

Animales de risa

Diálogo venenoso

Dos serpientes pasean por el campo.
De repente, una pregunta a la otra:
–Oye, ¿tú sabes si somos venenosas?
–Pues... no sé. ¿Por qué lo preguntas?
–¡Porque me he mordido la lengua!

El burro y el zorro

Un burro camina por el campo
y, de pronto, choca con un zorro.
El zorro se disculpa y dice:
–*I'm sorry*.
Y el burro le responde:
–*I'm burry*.

Dos ovejas

Dos ovejas juegan a la pelota
en el monte. Una lanza muy fuerte
y la pelota rueda monte abajo.
La oveja dice:
–¡Beeeeeeee!
Y la otra responde:
–¡Beeeeeeeee tú!

El mosquito

Un mosquito le dice a su padre:
–Papá, ¿me das permiso para ir al circo?
–Sí, hijo, pero ten mucho cuidado
cuando la gente aplauda.

Dos ranas

Una rana le dice a otra:
–¡Cuidado con el hoyo!
Y la otra contesta:
–¿Qué hoyoooooooooooo?

Dos patos

¿Qué le dice un pato a otro?
Estamos empatados.

El pez

¿Qué hace un pez en el mar?
Nada.

El colmo de los colmos

¿Cuál es el colmo de una cebra?
Que la atropelle un coche
al cruzar la calle.

¿Cuál es el colmo de un oso panda?
Que le hagan una foto
y salga en blanco y negro.

¿Cuál es el colmo de un caballo?
Tener silla y no poder sentarse.

¿Cuál es el colmo de un gato?
Tener un día de perros.

¿Cuál es el colmo de una vaca?
Que le guste la muuuúsica.

¿Cuál es el colmo de un pez?
Morirse de sed.

Actividades

1. **Invéntate más colmos. Hazlo siguiendo estos pasos:**
   - Escoge una profesión, por ejemplo, *oculista.*
   - Anota qué hace, con qué trabaja, dónde, etc. Por ejemplo: *ojos, gafas, vista, etc.*
   - Busca alguna palabra o frase hecha que tenga relación con alguna palabra de la lista anterior. Ejemplo: *no pegar ojo.*
   - Redacta una frase teniendo en cuenta que estás jugando con las palabras para crear efectos divertidos. Por ejemplo: *¿Cuál es el colmo de un oculista? No pegar ojo en toda la noche.*

Los fósiles de la joyería

El ámbar, una **gema** que generalmente es de color amarillo, es resina de árboles que vivieron hace millones de años. El tiempo le dio la dureza de una piedra y muchas veces, en su interior, pueden verse insectos y plantas ya desaparecidos, que quedaron atrapados cuando la resina todavía era una sustancia pegajosa. Por eso, el ámbar no solo es muy apreciado para realizar joyas, sino que también sirve a los científicos para descubrir cómo era la flora y la fauna de la Tierra hace millones de años.

El ámbar es la única gema de origen vegetal que existe. A diferencia de otras piedras usadas en joyería, como las esmeraldas o los rubíes, el ámbar no es un mineral ni un cristal, sino una resina **fosilizada**.

Una de las zonas más famosas por su ámbar es el mar Báltico, en el norte de Europa. Allí se encuentran piezas de gran calidad utilizadas en joyería.

Insectos de la época de los dinosaurios

El principal atractivo del ámbar se encuentra a veces en su interior. En ocasiones, pequeños seres vivos quedaban atrapados en la resina que resbalaba por la corteza de los árboles. Con el paso del tiempo, estos animales y plantas permanecieron encerrados dentro del ámbar. Así, en Peñacerrada, en las montañas de Álava, se han hallado insectos de la época de los dinosaurios que, de esta forma, han llegado intactos hasta nuestros días.

M

- **gema:** piedra preciosa.
- **fosilizada:** convertida en piedra.

En Peñacerrada, los científicos han encontrado la mosca más vieja del mundo y una especie de araña desconocida atrapadas en el ámbar. Además, han descubierto que esa zona del norte de España tenía, hace millones de años, un clima tropical con temperaturas cálidas y mucha lluvia.

El nombre de la electricidad

El ámbar siempre ha sido muy valorado por sus cualidades y su belleza. Cada pieza de resina tiene una forma distinta. En otras épocas, estas gemas llegaron a utilizarse como moneda e incluso se creía que tenían poderes mágicos.

En la Antigüedad, los griegos descubrieron que el ámbar tenía propiedades eléctricas. De hecho, la palabra «electricidad» viene de *elektron*, el término empleado por los griegos para dar nombre al ámbar.

Irene Genovés

Actividades

1. Completa con tus palabras y copia.

El ámbar es ______

Se usa principalmente en ______

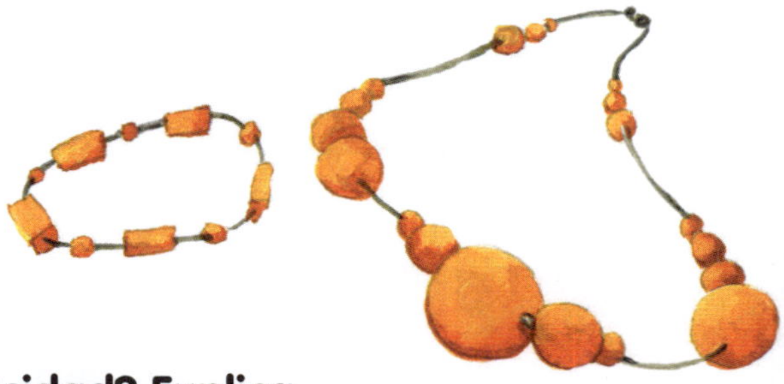

2. ¿Qué relación tiene el ámbar con la electricidad? Explica.

3. Copia solo las frases correctas.

- Una de las zonas más famosas por su ámbar es el mar Caspio.
- Dentro de las piezas de ámbar hay siempre algún insecto atrapado.
- El ámbar es la única gema de origen vegetal.
- Los chinos descubrieron que el ámbar tenía propiedades eléctricas.
- El ámbar es muy apreciado para crear joyas.

Pon a prueba tus conocimientos sobre piedras preciosas. Entra en esta web: http://es.wikipedia.org y escribe *gema* en el buscador.

El animal de dos patas

Inmaculada Díaz

Actividades

1. Completa en tu cuaderno.

- Este texto es un cómic porque combina ______

2. ¿Cuál de estos textos crees que resume mejor el argumento del cómic? ¿Por qué?

Los animales de la sabana comprueban que no todos los hombres son sus enemigos.	Los animales de la sabana le tienen miedo a todos los carnívoros.

CAPÍTULO 5

Los sueños perdidos

El señor Poss llevaba una semana en Albeira de Mar y ya era un personaje muy famoso. No solo había satisfecho cientos de deseos sino que también había convertido su furgoneta en una biblioteca playera, donde los niños y niñas podían disponer de libros flotantes e impermeables para leer en el agua. También podían conseguir libros a medida. Poss había colocado un buzón de pedidos junto a la furgoneta. Los chavales solo tenían que identificarse y describir el libro que querían en unas tarjetitas de colores. Luego las introducían en el buzón y, al día siguiente, los libros aparecían en la sección de «Libros personalizados». ¡Genial! ¿Verdad?

El señor Poss se levantaba todos los días al amanecer para revisar su biblioteca, comprobar que cada libro estaba en su lugar, leer los pedidos de libros personalizados y añadir los nuevos títulos a las estanterías.

Pero hoy, nada más abrir los ojos, el señor Poss se quedó sin aliento: los libros de su biblioteca estaban tirados por el suelo, la furgoneta estaba cubierta de una sustancia pegajosa y el buzón de pedidos era una masa retorcida con las tarjetas esparcidas por el suelo. Una masa viscosa lo cubría todo y formaba un caminito que se perdía en un bosquecillo de pinos al otro lado de la carretera.

En ese momento llegó Nicanor Ronacín, el jefe de policía de Albeira de Mar, al volante de su coche patrulla, con su hermosa cabellera de rizos dorados al viento.

–¡Señor Poss! ¿Qué ha pasado aquí? ¿Quién le ha atacado?

–No tengo la menor idea. Creí que usted venía a decírmelo.

El señor Poss sacó entonces de su caja de herramientas una lupa de gran tamaño y estudió aquella sustancia verdosa que lo impregnaba todo.

–¡Son mocos! –afirmó.

–¿Mooocooos? –preguntó incrédulo Nicanor–. ¡Eso es imposible! No hay nariz en este mundo capaz de hacer esto.

–En este mundo no, pero… hay otros mundos… –respondió el señor Poss, misterioso–. ¡Venga, vayamos al pinar!

Los dos hombres siguieron el camino de aquella sustancia y se introdujeron en el sombrío pinar. Después de caminar unos metros, se detuvieron: habían perdido el rastro. Los mocos habían desaparecido como por arte de magia. También había desaparecido, y esto era muy, muy extraño, el sonido del bosque. Ni un trino, ni un crujir de ramas, ni un suspiro de viento, nada. Un profundo silencio los rodeaba.

–Esto no me gusta… –susurró el jefe de policía.

Habían llegado a un claro del bosque. Un gran moco cayó entonces desde lo alto sobre la cabeza de Nicanor.

–¡Aaaaag! ¡Qué asco! –dijo el policía mientras luchaba contra la pegajosa sustancia–. ¡Voy a lavarme inmediatamente! Esta asquerosidad debe ser peligrosísima para mi cabello.

El agente echó a correr y desapareció.

El señor Poss levantó la cabeza y examinó las copas de los pinos. Allí se ocultaba sin duda la criatura mocosa.

–¡Eh, amigo! –gritó–. Puedes bajar. Estoy solo.

Pero nadie respondió. El señor Poss, cansado de esperar, también abandonó el bosque y volvió a su furgoneta. Estaba ordenando, limpiando y poniendo orden, cuando empezaron a llegar los primeros lectores. Poss, extrañado, miró su reloj. ¡Faltaba más de una hora para abrir la biblioteca!

–¡Buenos días, lectores madrugadores! –saludó alegremente.

Nadie contestó al saludo. Los niños se limitaron a colocarse en fila y a bostezar una y otra vez. Entonces, el señor Poss hizo un descubrimiento que lo dejó perplejo: sus clientes venían en pijama.

El primero de la fila, un chico que llevaba un pijama a rayas, preguntó:

–Señor Poss, ¿puede abrir ya la biblioteca? Necesitamos libros de sueño, por favor.

–Necesito un libro que me enseñe a dormir otra vez –dijo una niña con camisón verde.

–Yo quiero uno «asustapesadillas» –gimoteó otra niña más pequeña.

El señor Poss no entendía nada. Los niños le contaron que llevaban varias noches sin poder dormir. Tenían pesadillas horribles que los despertaban constantemente.

El señor Poss les pidió que pasaran al interior de la furgoneta y los invitó a un vaso de leche con cacao «colasueños». Luego, cada uno escogió su libro y, cómodamente instalados en los mullidos sofás de terciopelo, se dispusieron a leer. En menos que canta un gallo, todos estaban dormidos.

A lo largo de la mañana fueron llegando otros niños que también deseaban volver a dormir tranquilos. Sara fue la última en llegar. Poss observó que en sus zapatillas traía restos de mocos y le preguntó:

–¿Te has manchado por el camino?

–No, ¡qué va! Mi habitación ha amanecido llena de esto. Mis papás creen que nos han atacado con un arma secreta, pero… yo creo que son solo mocos, mocos asquerosos. ¿Verdad, señor Poss?

–¡Efectivamente! Eres muy lista, Sarita.

Sara subió a la furgoneta, eligió un libro, leyó la primera palabra y se durmió. El señor Poss se puso su pijama floreado, cogió un paraguas y se encaminó de nuevo al pinar. Estaba convencido de que el ser que allí se ocultaba tenía mucho que ver con los sueños desaparecidos.

Cuando llegó al claro del bosque, Poss se sentó bajo su paraguas y cerró los ojos, simulando que dormía. Al cabo de unos minutos, un estornudo tremendo retumbó en el pinar y una masa de mocos cayó sobre el paraguas. Inmediatamente después, un ser misterioso saltó al suelo, muy cerca del señor Poss. Era una extraña mezcla de mono e iguana, de color verdoso, lleno de verrugas y con una enorme nariz moqueante.

El señor Poss lo saludó:

–Hola, soy Poss, vendedor de deseados.

–Yo soy Moco, aspirante a Coco Nocturno. ¿Tiene un pañuelo?

–Tengo algo mejor: un rollo de papel de cocina.

Moco se limpió la enorme nariz y, suspirando, se sentó frente a Poss.

–Dígame, señor Poss, ¿no lo he asustado ni un poquito?

–Pues, no –respondió él.

–¡Mecachis! Necesito asustar a un adulto dormido. Es una de las pruebas que tengo que superar para obtener el título de Coco Nocturno.

–Pero dime... ¿Has superado ya las demás pruebas?

–Estoy en ello. Las pruebas son durísimas. Debo asustar a cien niños y niñas y conseguir que no duerman...

–¡Pero eso es muy injusto! –protestó el señor Poss.

–¡Qué va! ¡Es estupendo! Los niños de este pueblo se asustan con facilidad. ¡Trabajar aquí es un chollo! Además, tengo todo el bosque dominado. ¿No ha notado el silencio que hay?

El señor Poss le explicó que resultaba muy triste que aquel hermoso bosque pareciera un lugar muerto. También le dijo que los niños necesitaban descanso y que había trabajos mucho más interesantes que el de ir por el mundo asustando y arrojando mocos.

Moco se enfurruñó y se subió de nuevo a la copa de un árbol.

–¡Váyase! ¡No pienso hablar más con usted!

El señor Poss permaneció sentado tranquilamente bajo su paraguas.

Al cabo de un rato, Moco preguntó desde lo alto:

–¿A qué trabajos se refiere?

–Creo que podrías ser artista de cine, jugador de rugby o presentador de televisión... También podrías venirte conmigo y ser mi ayudante.

–¿Su ayudante?

–Sí, pienso ampliar el negocio y abrir también por la noche. Necesito un tipo excepcional, con ideas originales, que atienda a los clientes nocturnos.

–¡Ese soy yo! ¡Acepto! Acepto encantado, señor Poss. ¡Me gustan los libros! La otra noche lo pasé muy bien en su furgoneta.

–¿Te gusta leer? –preguntó Poss, encantado y sorprendido a la vez.

–¡No! Me gusta comerme los libros, el sabor del papel me vuelve loco.

–¡Zambomba! Los libros no se comen, se leen. Son como llaves mágicas que abren la inteligencia y la fantasía.

Moco se rascó la cabeza, confundido. Nadie le había dicho que los libros sirvieran para algo tan importante. Estuvo pensando un buen rato y luego dijo:

–Señor Poss, juro solemnemente que jamás morderé un libro de su biblioteca, solo los chuparé.

–¡Moco!

–Está bien. Ni me los comeré ni los chuparé.

–¡De acuerdo! Confío en ti. Estás admitido como ayudante.

Y así fue cómo los niños de Albeira de Mar y los de otros pueblos cercanos no volvieron a tener pesadillas nunca más.

Actividades

1. Copia solo las afirmaciones verdaderas.

- En el bosque habían desaparecido todos los sonidos.
- Un gran moco cayó sobre la cabeza del señor Poss.
- Los niños llevaban varias noches durmiendo mal.
- Moco quería conseguir el título de Coco Nocturno.

2. A lo largo de los cinco capítulos, el señor Poss usa distintos artilugios. Escribe sus nombres y explica para qué sirven.

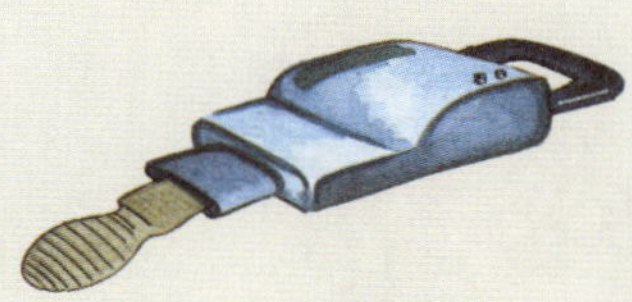
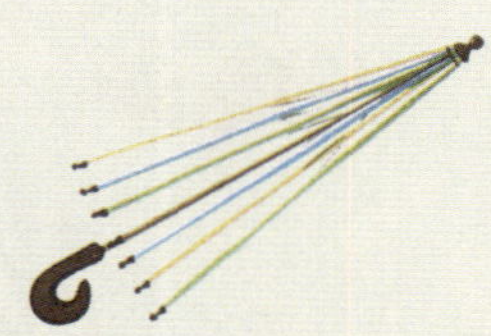

❒ Invéntate otro artilugio, ponle un nombre y di para qué sirve.

3. Contesta.

- ¿Te ha gustado la historia del señor Poss? ¿Qué capítulo te ha gustado más?
- ¿Cómo podría continuar la historia?

¡Es Navidad!

La cuna

El pez azul con su espada
le ha cortado una tajada
a la luna
para columpiar la cuna.

Y el pájaro carpintero
con ramitas de romero
verde y malva
ha tallado la baranda.

La curruca costurera
prendió de la cabecera
un lucero
de los sueños compañero.

Y hasta la araña ha tejido
todos los rayos más finos
de la luz,
para arropar a Jesús.

Ha bajado una estrella

¿Qué está pasando en el río
que los peces esta noche
dan tantos saltos y brincos?

¿Qué está pasando en el bosque
para que todas las ramas
se hayan llenado de flores?

Que no, que no,
que no cortes el muérdago, no.

¿Y qué pasa con la escarcha
que ha derramado en el prado
los resplandores del alba?

El monte está alborotado.
Parece ser que una estrella
de los cielos ha bajado.

Que no, que no,
que no cortes el muérdago, no.

En Belén

Al Oriente, sol naciente.
Al espejo, luna llena.
Y al Niño, la estrella nueva.

Al molino, trigo fino.
A las uvas, parra verde.
Y al Niño, los cascabeles.

Si Belén es como miel
y el portal un corazón,
el Niño se llama Amor.

Dicen...

Dicen que ha nacido un rey
entre una mula y un buey.

Dicen que han venido a verle
unos magos del Oriente.

Dicen que le traen incienso
en unos cofres inmensos.

Dicen que traen en camellos,
baúles de mirra llenos.

Y una corona real
que es de oro de verdad.

Poemas de Ana Rossetti

Actividades

1. Escribe en tu cuaderno cada palabra con su significado.

muérdago	Vapor de agua congelado que cubre el suelo por las noches.
escarcha	Planta con flores que crece sobre la corteza de los árboles.

2. Todas las poesías de esta página tienen elementos que se van repitiendo, ya sean palabras, preguntas o ideas.

En el poema *En Navidad* se repite una idea, con algunos cambios: *cosas que hacen los animales para que Jesús esté bien en su cuna.*

- ¿Qué se repite en los otros poemas?

3. Inventa un villancico con una estructura que se repita.

El camello del rey Baltasar

PERSONAJES

- MELCHOR
- GASPAR
- BALTASAR
- PAJE 1
- PAJE 2
- CARBONERA
- VETERINARIA
- MENSAJERO
- CARTERO
- CORO

(*El escenario estará decorado con motivos navideños, juguetes y paquetes de regalos. MELCHOR duerme en un sillón. Tiene barba y va vestido de forma tradicional, aunque no lleva corona. Entra una niña vestida de PAJE.*)

PAJE 1. ¡Telegrama! ¡Telegrama!

MELCHOR. (*Despertándose sobresaltado.*) ¡Eh! ¿Cómo?

PAJE 1. Majestad, un telegrama.

MELCHOR. ¡Ah bueno! Léelo tú. Sin gafas no veo…

PAJE 1. ¡Ejem! (*Lee.*) «Día clave. Hora H. Stop. Voy pitando».

MELCHOR. (*Rascándose la barba.*) ¡Qué telegrama más raro! ¡Anda, si hoy es 5 de enero! Y estoy solo, como de costumbre. ¡Manos a la obra! Pero antes… (*Buscando la corona.*) ¿Dónde puse la corona?

(*El PAJE 1 encuentra la corona y se la pone a MELCHOR. Entra otra niña vestida de PAJE con un saco lleno de cartas.*)

MELCHOR. ¿Qué buscaba yo? Para empezar necesito…

PAJE 2. (*Tendiendo el saco a MELCHOR.*) Las cartas, majestad.

MELCHOR. Eso, yo leo los paquetes y vosotras preparáis las cartas.

PAJE 1 y PAJE 2. Entendido, majestad. Vos leéis las cartas y nosotras preparamos los paquetes.

(*MELCHOR se sienta en el suelo y empieza a sacar las cartas con desorden.*)

MELCHOR. (*Leyendo una carta.*) Esta carta es de... Juanito López. Quiere un ordenador, y un DVD, y una consola con cinco juegos... (*Dirigiéndose a los PAJES.*) Está bien, ponedle un balón y va que chuta.

(*Los PAJES van saliendo y entrando con paquetes y juguetes. Entra el CARTERO con otro saco de cartas.*)

CARTERO. ¡Correo urgente para sus majestades! (*Sale de escena.*)

PAJE 1. ¿Y qué juguete es el que más piden?

PAJE 2. La bici sigue siendo un clásico. Pero este año piden mucho una muñeca que si le aprietas un brazo le salen mocos por la nariz, y si le aprietas el otro se hace pis.

MELCHOR. (*Lee otra carta.*) «Quiero un coche último modelo y un chalet en la playa». Pero ¿qué edad tiene este niño?

PAJE 2. Cuarenta años, majestad. ¿Qué le ponemos?

MELCHOR. Pues... el libro sobre cómo hacerse millonario en tres días...

PAJE 1. Hay que ver la cara que tienen algunos: un chalet, un coche...

PAJE 2. Y si por lo menos tuvieran un detalle... ¡Porque pocos son los que se acuerdan de ponernos un platito de mantecados junto a los zapatos!

PAJE 1. ¡Eso, de nosotros no se acuerda nadie! Como si no existiéramos. ¿Y quién hace el trabajo duro, eh?

PAJE 2. (*Señala a MELCHOR.*) Claro, ellos salen en la tele, pero el trabajo...

PAJE 1. Creo que deberíamos hacer algo. ¿Qué te parece si...?

(*Entra la CARBONERA, con la ropa y la cara manchadas de negro.*)

CARBONERA. Perdonen, ¿aquí han pedido tres toneladas de carbón?

PAJE 2. Sí, sí, póngalo por ahí.

(*Los PAJES cuchichean y salen de escena.*)

CARBONERA. Que digo yo que en esta casa tienen que ser muy frioleros. (*Sale también.*)

(*Entra nuevamente la CARBONERA arrastrando varios sacos con la palabra «carbón» bien visible, y se dirige a MELCHOR.*)

CARBONERA. Oiga, ¿aquí le parece bien? Anda… ¡ahora me lo explico todo! Tú debes ser Melchor, mi rey. (*Dándole la mano.*) A propósito, ¿qué hay del casco de color fucsia que te pedí?

MELCHOR. Estamos en ello, estamos en ello…

CARBONERA. Por cierto, ¿no crees que os habéis pasado con el carbón? (*Dirigiéndose al público y señalando a algún niño.*) Aunque alguno se lo merece. ¡Mira, ese! ¡Y ese!

(*Entra GASPAR vestido de motorista, con una bicicleta que simula ser una moto. La aparca y se quita el casco.*)

MELCHOR. (*Contrariado.*) Debería darte vergüenza ir vestido así. ¡A tus años! Como la Navidad pasada… Si te parece bonito lo que hiciste delante del Niño… En los dos mil años que tengo…

GASPAR. (*Se abre la cazadora, saca una corona de cartón plegable y se la pone.*) No mientas, que tú ya eras viejo en el año cero.

MELCHOR. (*Enfadado.*) Bueno, menos charlar y más trabajar, que a este paso no terminamos ni para el 6 de agosto.

CARBONERA. (*Dando la mano a GASPAR.*) Tanto gusto, soy la carbonera.

GASPAR. Encantado. (*Dirigiéndose a MELCHOR.*) ¿Y Bal?

MELCHOR. (*Imitándolo.*) ¿Y Bal, y Bal? Otro informal como tú. ¡A saber dónde estará! (*Da un montón de cartas a GASPAR.*) ¡A trabajar!

CARBONERA. (*Leyendo una carta que sujeta GASPAR.*) ¡Anda, esta niña quiere que le cambiemos a su hermanito!

(*Suena un teléfono. GASPAR saca un móvil y habla.*)

GASPAR. ¡Bal, colega! ¿Qué? ¿Vienes ahora mismo?

(*Entra BALTASAR vestido con traje oriental. En el turbante lleva frutas tropicales y encima de los pantalones viste un bañador de flores. Entra hablando con el móvil, con acento sudamericano.*)

BALTASAR. Sí, ahorita mismo llego.

(*BALTASAR y GASPAR se saludan con un juego de manos algo ridículo para su edad. Después, la CARBONERA saluda del mismo modo a BALTASAR.*)

BALTASAR. (*Se dirige a MELCHOR.*) ¿Qué hay de nuevo, viejo? (*Gesto contrariado de MELCHOR.*) No te enfades, que ahora nos ponemos a trabajar. (*Coge un montón de cartas y lee.*) «Querido Baltasar...», «Querido rey mago Baltasar». ¡Gano por goleada! ¡Soy el más popular!

(*Entra el CARTERO llevando otro saco con cartas.
Mientras, los Reyes continúan leyendo y apartan cajas y juguetes.*)

CARBONERA. (*Coge el saco.*) Traiga. Sus majestades están muy ocupados.

CARTERO. Siempre hay alguno que deja la carta para el último momento. Y todos los años son los mismos. (*Sale de escena.*)

MELCHOR. Mirad, esta niña quiere un sobresaliente en Matemáticas.

CARBONERA. ¡Los niños ya no son lo que eran!

(*Entra la VETERINARIA, vestida de blanco. Lleva
una herradura roja en el gorro y un fonendo colgado del cuello.*)

VETERINARIA. Majestades, cumpliendo mi obligación de veterinaria real, y tras proceder al examen habitual de todos los años en estas fechas de amor y paz en las que el corazón se siente...

GASPAR. ¡Al grano!

VETERINARIA. Pues... que el camello del rey Baltasar tiene un empacho de turrón y no podemos contar con él.

BALTASAR. (*Preocupado.*) Ya le he dicho que no coma tantas golosinas...

MELCHOR. ¡En dos mil años que tengo nunca había pasado algo así!

GASPAR. ¿Y si utilizamos mi moto?

VETERINARIA. Bueno, si le ponemos unas jorobas postizas...

(*Entran PAJE 1, PAJE 2 y el MENSAJERO, que va vestido con pantalones piratas, sudadera, gorra y zapatillas de deporte. Habla en tono pasota.*)

PAJE 1. ¡Ejem! ¡Majestades, un comunicado! (*Da una lista a GASPAR.*)

GASPAR. (*Lee.*) «Trescientos sesenta y cuatro días de vacaciones. Cuatro pagas extras. Uniformes nuevos. Hacer anuncios de televisión. Que se incluyan nuestros nombres en las cartas…».

BALTASAR. ¡Qué carta más rara!

MENSAJERO. No es una carta de reyes, «troncosss», es una lista de peticiones. Soy el representante de los pajes.

BALTASAR. Pero tú no eres paje.

MENSAJERO. Ahí «m'has pillao». Pero bueno, a lo que íbamos: o se cumplen nuestras peticiones o… ¡nos ponemos en huelga!

BALTASAR. Pero si solo trabajáis un día al año.

PAJE 1 y PAJE 2. Llevamos siglos igual, ya es hora de cambiar.

CARBONERA. En eso tienen razón.

(*GASPAR, BALTASAR y la CARBONERA miran a MELCHOR.*)

MELCHOR. ¿Por qué me miráis?

BALTASAR. Porque tú eres el rey del oro. Así que… ¡no seas tacañete!

MELCHOR. ¡Vale! ¡Está bien! Os daré las cuatro pagas extras…

(*Los PAJES y el MENSAJERO se reúnen. BALTASAR intenta escucharlos. Entra el CARTERO, que deja otro saco en el suelo y sale sin decir nada.*)

MENSAJERO. De acuerdo, pero hoy nos tomamos el día libre.

GASPAR. ¿Y ahora qué hacemos?

MENSAJERO. (*Mientras sale acompañado de los PAJES.*) ¿No sois magos?

GASPAR. Magos, sí, pero no «supermanes».

MELCHOR. Vamos a tener que pedir ayuda a Santa Claus, él ya debe tener a sus renos libres…

CARBONERA. ¿Pedir ayuda a la competencia? ¡Qué fuerte!

BALTASAR. ¡Se me ha ocurrido una idea! (*Sale un momento de escena.*)

(*BALTASAR vuelve con un coro de niñas vestidas de brasileñas. Suena un villancico tradicional y las niñas comienzan a transportar paquetes al son de la música. Los Reyes leen cartas y dan indicaciones también al ritmo de la música. Finalmente entran los PAJES y el MENSAJERO.*)

MENSAJERO. (*Al público.*) ¡Esto es otra cosa!

(*Entra el CARTERO y se dirige al público.*)

CARTERO. El Servicio de Correos comunica al respetable público que ha habilitado un buzón real a la entrada de la sala para los más tardones.

CARBONERA. Y el próximo año a ver si nos damos más prisa, que este hombre se va a perder la cabalgata. (*Señala al CARTERO.*) Y yo voy a echar una mano, porque con este lío mañana no va a haber regalos.

(*Los PAJES, el MENSAJERO y después la CARBONERA, que quita una bolsa a uno de los pajes, se acercan al público repartiendo caramelos.*)

M.ª Jesús Bajo

Trimestre 2

El enigma de havasupai

Autor: Antonio Monterroso Madueño

CAPÍTULO 1

Una gran decepción

Julia no podía creer lo que acababa de oír: el viaje a los Alpes, el gran viaje que toda la familia iba a hacer por vacaciones..., ¡quedaba aplazado! ¡Había que dejarlo para otro año!

Adolfo, su padre, había esperado a la hora de la cena para anunciarlo: la casa necesitaba una reparación urgente. Las grietas que se abrían en la fachada suponían un serio peligro. Las obras empezarían al llegar el verano, justo cuando tenían previsto realizar el viaje. Las últimas palabras Adolfo las pronunció mirando fijamente a su hija:

–Lo siento mucho. No podemos irnos en estas circunstancias. Sabemos la ilusión que te hacía recorrer los Alpes, pero, a veces, hay cosas más importantes que nos impiden cumplir nuestros sueños...

–Pero, papá, vuestra amiga Laura es arquitecta. Ella podría vigilar la obra mientras estamos de viaje –sugirió Julia.

–Ya lo habíamos pensado, hija, pero no es posible. Si ocurre algo imprevisto, habrá que tomar decisiones sobre la marcha –respondió Adolfo.

–¿Y no podemos ir cuando acabe la obra? –insistió la niña.

Entonces fue Rocío, la madre de Julia, la que abandonó su silencio para responderle:

–No podemos saber el tiempo que durará la reparación, ni lo que costará, hasta que no comprueben los cimientos de la casa. A todos nos hacía mucha ilusión el viaje, pero habrá que esperar al próximo verano…

Sin duda, por la seriedad con la que sus padres le hablaban, el problema de la casa debía ser realmente grave.

Julia no tuvo fuerzas para replicar. La decisión parecía definitivamente tomada. De nada serviría seguir insistiendo. Ya en la cama, no pudo leer una sola línea de su libro. Su mente estaba ocupada en encontrar una solución al problema que había acabado de un plumazo con sus vacaciones. Estaba muy enfadada y solo encontraba un culpable: la casa. La casa antigua que sus padres habían comprado con tanto esfuerzo.

Cuando la compraron, Adolfo y Rocío vieron cumplido uno de sus mayores sueños. Ciertamente, era la casa más bonita de todas, aunque estaba bastante desvencijada, porque el anterior propietario, un viejo ingeniero inglés, la había dejado deteriorarse más de la cuenta. ¡Cuánto trabajo había costado restaurarla! Y ahora, les hacía esa jugarreta…

Desde su cuarto, Julia oyó a sus padres conversar en voz baja:

–Pobrecilla, con la ilusión que le hacía el viaje…

Julia soñó aquella noche con enormes grietas que se abrían en la casa. También se vio a sí misma intentando atrapar aviones con las manos, como quien pretende cazar mariposas al vuelo.

Al día siguiente, Julia no tuvo ánimo para contarle a sus compañeros la anulación de su viaje. La verdad es que había presumido bastante en el colegio de la chulada de viaje que iba a hacer en vacaciones. Y ahora…

A los únicos a quienes les contó lo que ocurría fue a Daniel, su mejor amigo, y a Angélica, la bibliotecaria.

Angélica era una de las personas más amables que Julia conocía. Ella solía ir con frecuencia a la biblioteca y se pasaba horas y horas leyendo los libros que Angélica le recomendaba.

–¡Ánimo, Julia! Al mal tiempo, buena cara. No estés triste, que el día menos pensado acabarás haciendo realidad tu sueño –la consoló Angélica.

La reacción de Daniel, sin embargo, fue totalmente inesperada para Julia. Y es que al chico no le pareció tan mal que su amiga no se fuese de viaje:

–¡Magnífico! Así podremos ir juntos a la piscina y tendremos tiempo para salir con tu perro a buscar minerales para mi colección.

Al ver la cara de enfado que puso Julia, Daniel intentó arreglarlo:

–Bueno, no creas que no siento lo de los Alpes… Es un palo que te prometan una cosa y luego…

Por fin, llegó el día de las vacaciones. Y con las vacaciones, como si se hubiesen puesto de acuerdo, comenzaron las obras en la casa. Los albañiles llegaron alborotándolo todo. En un periquete el jardín estaba lleno de maquinaria y materiales de construcción. Julia pensó que, si seguían a ese ritmo, lo mismo acababan antes de lo previsto y…

A mediodía, sus padres volvieron de trabajar acompañados de Laura, la arquitecta.

–Hola, Julia. De vacaciones, ¿verdad? –la saludó Laura.

Julia no tenía precisamente ganas de responder a esa pregunta, sino de hacer otra más importante:

–Laura, ¿me puedes decir cuánto tiempo durará la obra?

–No puedo saberlo con certeza. Depende de cómo estén los cimientos. Pero puedes estar segura de que se hará en el menor tiempo posible. ¿No has visto lo rápido que va todo?

Julia asintió y entonces fue Rocío la que habló:

–Hija, hemos decidido que, para estar más cómodos, nos trasladaremos a casa del abuelo durante la obra. ¿Qué te parece?

–¿Y Nero? ¿También vendrá? –preguntó la niña refiriéndose a su perro.

–Nero se quedará aquí, en el jardín. Ya sabes que la casa del abuelo no es muy grande… Pero podrás venir a verlo siempre que quieras.

–De acuerdo, vendré a verlo todos los días y así, de camino, vigilaré la obra –dijo Julia.

El abuelo los recibió con los brazos abiertos. Sobre todo a Julia, que era su ojito derecho. Para ella, el abuelo era la persona más sabia del mundo. Sabía de todo, desde arreglar una bicicleta hasta localizar las estrellas en el cielo. También sabía contar cuentos, los mejores cuentos. Incluso Daniel le consultaba a veces sobre los minerales que encontraba y siempre se quedaba sorprendido con sus respuestas.

–Pero ¿dónde ha aprendido tu abuelo todo eso? –le preguntaba Daniel a Julia.

–No lo sé, Daniel. Él dice que se pasó toda la vida trabajando en la mina –contestaba ella con orgullo.

❖ ❖ ❖

Julia pasaba a menudo por su casa para ver a Nero y comprobar cómo iban las obras. A veces la acompañaba su abuelo que, por agradarla, variaba el recorrido de su caminata diaria. Otras veces iba por allí con Daniel, al volver de la piscina. Antes de marcharse, siempre le hacía la misma pregunta al capataz:

–¿Cuánto falta para que termine la obra?

–Un día menos, ya falta un día menos –era la respuesta que solía recibir.

Un día que apareció por la casa sola, Julia soltó a Nero, como siempre hacía, y comenzó a jugar con él a su juego favorito. Ella escondía una pelota de tenis en un rincón del jardín y Nero, incansable, no paraba de husmear hasta que daba con el rastro y la encontraba.

Una de las veces, Julia escondió la pelota entre un montón de escombros. Nero se acercó husmeando y, cuando estaba a punto de encontrar la pelota, se paró en seco y comenzó a ladrar con furia a los cascotes.

Sorprendida por el comportamiento del perro, Julia pensó que quizás Nero hubiera encontrado algún topillo o alguna lagartija. Con precaución, cogió un palo y removió los escombros. Así fue como quedó al descubierto una bolsita de cuero perfectamente anudada con un lazo. La cogió para observarla mejor y notó que en su interior había algo duro y pesado. Deshizo el lazo y vació en el suelo el contenido de la bolsa. Entonces salieron a la luz cuatro piedras de formas sugerentes. En las piedras aparecían talladas unas inscripciones muy extrañas.

Julia puso una de las piedras en la palma de su mano y sintió un sudor frío que le recorrió todo el cuerpo…

Actividades

1. Copia el nombre de estos personajes y escribe qué es cada uno de ellos respecto a Julia.

Adolfo	Nero
Rocío	Daniel
Laura	Angélica

2. Vuelve a leer los dos últimos párrafos y contesta.

- ¿Qué ha encontrado Julia?
- ¿Cómo lo ha encontrado?
- ¿Cómo son las piedras que hay en el interior de la bolsa?

Parejas imposibles

Lo que pasó con la puerta

Fue a parar la puerta
de mi habitación
¡ay! a la cubierta
de una embarcación.

Pues tiene su lógica
–me explicó un marino–:
la puerta está loca
por su masculino.

–¿Cómo? –dije yo.
¡No podía ser cierto!
–¿Que la puerta huyó
en busca del puerto?

Caballada

El caballo y la caballa
se encontraron en la playa.

El caballo chapoteaba;
la caballa buceaba.

El caballo relinchaba;
la caballa burbujeaba.

El caballo a la caballa
saludó: «¡Hola, tocaya!».

La caballa, abochornada,
lo miró sin decir nada.

¿Y sabéis quién, mosqueada,
desunió tal caballada?

¡Doña Yegua fue, no falla,
la que a ambos puso a raya!

El foco

El foco busca pareja
mas llora con desconsuelo,
que en la tele vio tres focas
¡y no le gustan un pelo!

El foco grita sin boca:
–¡Quiero una foca con luz
y que no tenga bigotes
y no me dé repelús!

El foco es tonto del bote,
pues no sabe que es costumbre
que sea un bicho la foca
¡y siendo un bicho, no alumbre!

Poemas de Mar Pavón

Actividades

1. Completa y copia.

La puerta va en busca del ______

El caballo quiere jugar con la ______ en la playa.

El foco busca una ______ sin bigotes.

2. ¿Dónde está la gracia de estos tres poemas?

- En que los tres cuentan cosas imposibles.
- En que hay un juego con el masculino y femenino gramatical.

3. Crea otras «parejas» que no sean pareja en la realidad.

Ejemplo: *potro (caballo joven) - potra (suerte).*

❐ Inventa la idea para un poema.

Ejemplo: *Un potro que quería tener potra.*

Historia de un papel

El viejo papel estaba asustado. Permanecía arrugado en medio de la calle y se temía lo peor. En sus días de gloria, él había sido un gran papel. Había formado parte de un periódico, de un libro de poemas y de una canción. Pero ahora, no era más que un viejo papel plagado de garabatos que alguien había perdido.

La vida de este viejo papel había sido intensa. Procedía de una selva tropical, llena de árboles gigantes. En una serrería, con aquellos troncos enormes construían muebles y, de las astillas de madera que sobraban, había nacido él: un papel flexible y resistente como pocos.

Al principio había sido un periódico lleno de noticias y reportajes de países lejanos. Nunca olvidaría el día en que salió a la calle. Notó cómo pasaba de una mano a otra. Todos comentaban lo que aparecía en sus páginas. Aquella tarde, una mujer lo dejó olvidado en un autobús. Y ya por la noche, entre parada y parada, alguien lo tiró a una papelera.

El viejo papel recordaba muy bien la oscuridad de la papelera, llena de bolsas y latas. Poco después, alguien lo salvó de una muerte segura.

Lo recogió un trapero que reunía periódicos y libros viejos para llevarlos a reciclar. Y así fue cómo, por unas cuantas monedas, el viejo papel entró en una fábrica enorme en donde lo cambiaron de arriba a abajo.

El reciclaje lo dejó impecable. Pero, para su sorpresa, ya no era un periódico, sino una hoja brillante de color crema que olía a nueva.

Lo metieron en una caja, junto a cientos de hojas más, y llegó hasta una imprenta. Allí lo llenaron de poemas, lo cosieron a otras páginas iguales, le pusieron unas tapas y lo convirtieron en un libro maravilloso.

De aquella etapa como libro, el viejo papel recordaba la cara de alegría de una joven al recibirlo como regalo o la voz de un señor al recitar sus poemas junto a la chimenea. Hasta que un día quedó al alcance de un niño pequeño, que rayó sus páginas sin saber que lo estaba matando.

Y el libro, roto y lleno de garabatos, fue a parar a un contenedor de papel. Un buen día, un camión vació el contenedor y lo llevó hasta una fábrica, donde lo convirtieron en papel para escribir cartas. Esta vez lo hicieron pequeño, rugoso y tintado de azul clarito.

Y fue un joven guitarrista quien lo hizo famoso. En plena inspiración, el muchacho escribió en el papel azul una canción para una chica muy especial. A los pocos meses los dos jóvenes se casaban y, con el tiempo, la canción se hizo famosa y se escuchó en las radios de todo el mundo.

Durante años, el viejo papel permaneció doblado en la cartera de la muchacha. Hasta que, un día, la cartera se perdió y el papel acabó donde lo encontramos al principio de esta historia, tirado en medio de la calle.

–Ahora sí que ha llegado mi fin –se dijo con amargura.

Pero entonces, pasó algo…

Una niña que regresaba del colegio lo vio y lo cogió.

El viejo papel llegó a la habitación de la niña, que, con unas tijeras, lo transformó en un molinillo de color azul. El molinillo gira cuando se cuela la brisa por la ventana y llena de alegría la habitación.

Y ahora, cuando ya no es un gran periódico, ni un libro de poemas, ni una canción famosa, sino solo un molinillo de color azul, el viejo papel se siente muy, muy feliz.

Irene Genovés

Actividades

1. ¿Qué palabra resume mejor la idea principal del cuento?

música | reciclaje | poema | molinillo

2. Relee el comienzo del texto, observa la ilustración y responde: ¿qué es lo que se teme el papel?

Si quieres aprender a reciclar papel, escribe esta dirección web:
www.santillana.com.ar/02/natu/inicial/FCIENC5A.pdf
y busca la ficha «Reciclar papel».

La materia gris

Popularmente se llama al cerebro «materia gris», porque hay una parte en el interior del cerebro que está recubierta por un tejido de color gris.

Cuando nacemos, nuestro cerebro pesa unos 400 gramos, más o menos. Durante los primeros años de vida, crece muy deprisa. El cerebro de una persona adulta llega a pesar aproximadamente 1.300 gramos.

Pero el cerebro no solo crece físicamente, sino que también se transforma internamente, es decir, se desarrolla y experimenta grandes cambios. A medida que el cerebro se va desarrollando, va aumentando también la capacidad de aprender.

Al igual que el cuerpo, el cerebro también necesita ejercicio. Podemos ejercitar nuestro cerebro jugando, leyendo, estudiando, clasificando piezas de un puzle, contando un cuento, pintando, tocando el violín, recordando cosas que han pasado, memorizando poesías y canciones, etc.

Un mensajero excepcional

El cerebro nos conecta con todo lo que ocurre a nuestro alrededor y se encarga de enviar mensajes a las demás partes del cuerpo para que sepan lo que tienen que hacer. Por ejemplo, es el cerebro el que transmite a nuestros músculos la orden de moverse.

El cerebro nunca descansa. Mientras dormimos, la mayor parte de nuestro cerebro y nuestros nervios se desconectan y se mandan pocos mensajes, pero seguimos respirando, nos sigue latiendo el corazón y seguimos creciendo.

M

- **neuronas:** células que transmiten la información desde los órganos de los sentidos hasta el cerebro, y la respuesta del cerebro hasta los músculos.

¿Cómo circulan los mensajes?

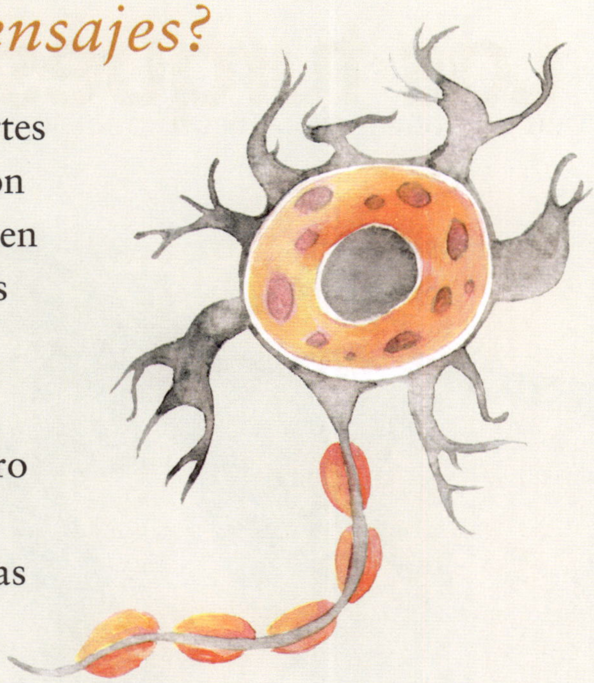

El cerebro está conectado a todas las partes del cuerpo a través de los nervios, que son como unos finísimos cables que transmiten los mensajes. Los nervios están formados por **neuronas**, que son las células que conducen la información.

El sistema nervioso actúa como mensajero de toda la información que controla el cerebro. Entre los nervios hay muchísimas conexiones, tantas que el cerebro puede combinar y relacionar la información en un número casi infinito de formas.

Eso explica que no hay dos cerebros iguales, como no hay dos personas iguales. Cada persona tiene un cerebro distinto al de las demás. Sus conexiones y su funcionamiento son diferentes. Por eso, cada uno de nosotros tenemos dones y talentos especiales.

Elena O'Callaghan i Duch

Actividades

1. Corrige estas afirmaciones para que sean correctas y cópialas.

Nuestro cerebro...

- solo crece físicamente.
- solo se desarrolla cuando estudiamos.
- descansa mientras dormimos.
- es completamente de color gris.

2. Explica qué tiene que ver el cerebro con el aprendizaje. ¿Te gusta aprender?

3. Todos somos únicos e irrepetibles. ¿Por qué no hay dos cerebros iguales? ¿Para qué cosas tienes tú talento? ¿Para qué crees que no lo tienes?

CAPÍTULO 2

Las turquesas de Julia

Julia estuvo un buen rato allí paralizada, frente al montón de escombros, contemplando la piedra en una de sus manos y la bolsa de cuero en la otra. El tiempo parecía haberse detenido.

–¿Te sucede algo, Julia? Pareces una estatua de yeso –le preguntó el capataz de la obra.

–¿A mí? No me pasa nada –contestó, mientras escondía apresuradamente la piedra que tenía en la mano–. Me voy ya. ¡Hasta mañana!

Volvió a guardar las piedras en la bolsa de cuero y la metió en su mochila. Se despidió de Nero e inició el camino de vuelta, mientras los pensamientos giraban en su cabeza a la misma velocidad que las ruedas de su bici.

¿Qué clase de piedras serían las que acababa de encontrar? ¿De dónde habrían salido? ¿Por qué se había quedado como hechizada al contemplarlas? ¿Por qué se había comportado Nero de aquella manera tan extraña?

La primera decisión que tomó fue no contar a nadie su descubrimiento. Al menos, de momento. «Y para encontrar el resto de las respuestas, tengo todo el verano por delante. Quizás no se hayan echado a perder del todo las vacaciones…», pensó.

Al llegar a casa de su abuelo, Julia buscó un lugar seguro para guardar la bolsa con las piedras. Después de imaginar todos los escondrijos posibles, decidió que su osito de peluche sería un buen sitio. Vació parte del relleno del peluche para hacerle un hueco a la bolsa. Luego cerró la cremallera y, aparentemente, salvo por el olorcillo tan especial que desprendía el cuero, seguía siendo el mismo osito de siempre.

A continuación, se puso a idear un plan: lo primero sería identificar aquellas piedras, saber qué tipo de mineral eran. Lo siguiente, intentar descifrar los extraños dibujos que estaban grabados en ellas.

Mientras preparaban la mesa para el almuerzo, Julia preguntó a su abuelo:

–Abuelo, ¿tú sabes si por aquí cerca hay piedras de color verde?

–¿Piedras verdes? Piedras verdes… Se pueden encontrar algunas por aquí, pero, como no me des más datos, no sabría decirte…

–Son verdes, casi azuladas, brillantes y lisas como las piedras del río –agregó Julia.

–Eso suena a piedras preciosas… Pero, no, no creo que las haya por aquí. ¿Por qué te interesa saber eso?

–Por nada especial, es que quiero darle una sorpresa a Daniel.

–En el pueblo hay un museo de minerales. La encargada del museo se llama Silvia y tal vez pueda ayudarte. Seguro que tu amigo Daniel la conoce.

Esa misma tarde, Julia y Daniel fueron al museo. Silvia explicaba algo a un grupo de turistas que estaba visitando una de las salas. Entre los turistas destacaba la figura de un grandullón desgarbado con cazadora de cuero, que calzaba unas gruesas botas y cubría su cabeza con un sombrero de explorador. El grandullón se dedicaba a husmear por las vitrinas y no atendía en absoluto a las explicaciones de Silvia.

–Esta colección es una donación que hizo a este pueblo mister O'Brien, un ciudadano inglés que, después de recorrer medio mundo, se quedó a vivir entre nosotros –les comentaba Silvia a los turistas.

Entre tanto, Daniel, que conocía bien el museo, le mostraba las vitrinas a su amiga dándose aires de experto. Todos los minerales estaban perfectamente clasificados con sus nombres. Algunos nombres, a Julia le sonaban a chino.

–Mira, esos pelillos finos como agujas son actinolita, y eso que parece algodón se llama okenita. Nadie diría que son minerales, ¿verdad?

–Sí que son raros... –dijo Julia mirando ya la siguiente vitrina.

Un reflejo azul verdoso en el cristal había llamado su atención. La niña, expectante, se acercó para confirmar lo que creía haber visto. ¡Allí estaba! Una piedra idéntica a las suyas, aunque mucho más pequeña. El letrero que identificaba el mineral decía «Turquesa».

Julia sintió que el corazón se le aceleraba. Miró a Daniel y le tiró de la camiseta para mostrarle la turquesa.

En aquel momento, Silvia se acercó a ellos.

–Por fin puedo estar con mi visitante preferido. Veo, además, que hoy vienes muy bien acompañado.

–Ella es Julia, mi mejor amiga –respondió Daniel–. De repente se ha sentido interesada por los minerales y me ha pedido que la acompañe.

–Estupendo. ¿Hay algo en lo que pueda ayudaros?

–Pues sí. ¿Esa piedra, la turquesa, puede encontrarse por aquí, cerca del pueblo?

–No, Julia. En España solo hay una mina de la que se sacan turquesas, pero queda muy lejos de nuestro pueblo. Lo normal es que estas piedras semipreciosas provengan de los Estados Unidos o de Irán… –le aclaró Silvia.

Julia continuó haciendo preguntas y más preguntas. A Silvia le llamó la atención que la chica se mostrase tan interesada por las turquesas el mismo día que había visitado el museo un investigador, llamado mister Appelton, que estaba buscando, precisamente, unas turquesas. ¿Sería solo una casualidad?

Al día siguiente, Julia decidió visitar la biblioteca para continuar con su investigación. Llegó muy temprano.

–¡Qué madrugadora, Julia! –la recibió Angélica–. ¿Vas a buscar tú algún libro o quieres que te ayude?

–Necesito encontrar información sobre las turquesas y no sé dónde.

–¿Turquesas? Ya veo que Daniel te ha contagiado el gusanillo de las piedras, ¿eh? Veamos, creo que no tenemos muchos libros de minerales…

Angélica consultó su ordenador.

–Mira, aquí tenemos un cuaderno sobre el reino mineral que quizás te pueda interesar. Échale un vistazo, a ver si encuentras lo que andas buscando.

Cuando Julia tuvo el cuaderno en su poder, lo primero que hizo fue buscar en el índice la palabra «turquesa». Nada de nada, no aparecía. Pero aún así le echó una ojeada antes de devolverlo. Después, le pidió a Angélica que le dejara usar un ordenador. Quizás allí encontrase algo…

Al dirigirse hacia el ordenador, Julia vio al turista grandullón del museo en una de las mesas. Estaba leyendo un libro. ¿Qué hacía allí aquel forastero vestido como para ir de safari? ¡Qué hombre tan raro!

Al pasar a su lado pudo ver el título del libro que leía: «Vida y costumbres de las tribus indias de Norteamérica».

Julia pidió permiso a Angélica para conectarse a Internet y se puso a buscar en Wikipedia. Lo único que pudo entender de lo que leyó fue: «… en muchas civilizaciones de la Antigüedad se creía que la turquesa protegía de las fuerzas malignas».

En otra página leyó: «Los pueblos primitivos usaban las piedras semipreciosas como amuletos e incluso las consideraban dioses protectores para el hombre».

Pero lo que encontró en la siguiente página la dejó muy inquieta: «... cuando un indio navajo encontraba una piedra de forma o color de especial rareza, la guardaba en su bolsillo y la llevaba con él para que lo protegiera hasta que encontraba otra de superior belleza».

Julia palpó el bolsillo de su pantalón para asegurarse de que seguía allí una de sus turquesas que, sin saber por qué, había decidido llevar consigo.

Se le había hecho tarde. Era casi la hora de comer. De un vistazo recorrió la sala de lectura de la biblioteca antes de marcharse. El turista grandullón ya no estaba allí.

De regreso, Julia iba pensando en las emociones de los últimos días. Pero la mayor sorpresa la recibió al llegar a casa de su abuelo y ver colgando en el tendedero... ¡su osito de peluche!

Actividades

1. **Julia traza un plan respecto a la bolsita con las piedras. ¿Cuál es ese plan?**

2. **Describe al turista grandullón y explica en qué momentos se encuentra Julia con él.**

   ¿Crees que son casuales esos encuentros? ¿Por qué?

3. **Responde.**

   - ¿Con qué sorpresa se encuentra Julia al volver a casa de su abuelo?
   - ¿Crees que es una sorpresa agradable o desagradable? ¿Por qué?

Haz como Julia: conéctate a Internet con ayuda de un adulto y busca la web http://www.diorita.es/

Entra en el menú *Sobre piedras* y busca *turquesa*.

Pincha la pestaña *Museo* y podrás conocer más piedras semipreciosas.

El mejor plato del día

Una orca y un tiburón
se hallaron de sopetón:
–¡Ay, qué susto! –exclamó ella.
–¡Ay, qué gusto ver lo bella
que es usted! –contestó él.

Y un barquito de papel
que contemplaba la escena
casi naufragó de pena;
¿a que no sabes por qué?
Pues es, por lo que se ve,
que el tiburón iba hambriento
y su cólera en aumento
por no encontrar qué comer.

–Orca, orquita, echa a correr,
¡perdón!, a nadar te digo,
que quiere acabar contigo…
¡Apúrate, que te pilla!
–advirtió la vocecilla
de su ángel de la guarda,
que a nuestra orca puso en guardia.

Y armándose de valor
mintió a su interlocutor:
–Ay, camarada del mar,
si usted pudiera aliviar
el dolor que voy sintiendo
desde que me estoy muriendo
de una horrible enfermedad…

Lleno de curiosidad,
el tiburón preguntó:
–¿Y por qué no puedo yo
mitigar su sufrimiento?

–¡Por contagiarse al momento
con solo rozarme un poco!
Así contagié a mi orco,
el pobre, que en paz descanse…

–Deje, deje, no se canse,
pues no le conviene hablar
ni a mí, quedarme a escuchar;
¡entiéndame, doña mía,
que soy joven todavía!

Dicho esto, el tiburón
se esfumó, el muy tontorrón,
sin saber que se perdía
¡el mejor plato del día!

Mar Pavón

Actividades

1. Lee la fábula en voz alta con tres compañeros. Para ello, debéis repartiros los personajes.

narrador	orca	tiburón	ángel de la guarda

2. Contesta.

- ¿Cuál es el conflicto que se plantea en la fábula?
- ¿Cómo se resuelve el conflicto?

3. ¿Qué nos enseña esta fábula? Explica tu elección.

- ☐ Que es mejor no meterse en el mar, por si acaso.
- ☐ Que conviene tener en cuenta las advertencias que nos hacen.
- ☐ Que solo se puede mentir para salvar la vida.

La sombra

Escuchábamos a Antonio tocar la guitarra. La tocaba muy bien. Golpeaba las cuerdas con los dedos de la mano derecha, mientras que con los de la mano izquierda cambiaba rápidamente de un acorde a otro.

Antonio era un muchacho alegre y simpático que cantaba maravillosamente. Se sabía todas las canciones. Cuando tocaba la guitarra, nos miraba con los ojos sonrientes, mientras sus dedos se movían sin parar y su pie golpeaba el suelo siguiendo el ritmo.

Un día me fijé en su sombra. Alargada y oscura, seguía todos los movimientos de Antonio como una **réplica** perfecta hasta que, de pronto, ¡desapareció! La sombra se levantó, bostezó y se marchó en dirección a la cocina. Yo la seguí intrigada.

Cuando llegué a la cocina, la encontré de pie junto a la puerta.

–¿Qué haces aquí? –pregunté.

–¿No lo ves? –contestó de mala gana–. Descanso.

–¿De qué?

–De Antonio. ¿De quién si no?

–¿De Antonio? –pregunté sorprendida.

–¡Claro! Estoy harta... Lleva una vida muy ajetreada. Y, para colmo, no para de tocar la guitarra. Es muy difícil seguirlo, ¿sabes? Además, los niños siempre lo rodeáis y vuestras sombras no me dejan tranquila.

Me di cuenta de que aquella era una sombra poco apropiada para mi amigo. Antonio era un muchacho divertido, siempre cantando y contando historias. Su sombra, en cambio, era aburrida, solitaria, vaga y egoísta.

–Lo peor –continuó la sombra sentándose en el suelo– es que se pasa el día en el campo, cargando sacos de almendras, llevando el tractor de un lado para otro... Es agotador. ¡Y encima le gusta! Y yo, como tonta, ¡a seguirlo a todas partes! Pero esto se acabó. Cualquier día lo dejo sin sombra que lo acompañe.

M

- **réplica:** copia exacta de otra cosa.

Entonces supe que aquella era una sombra malvada. Lo que iba a hacer era horrible. Recordé cuando voy sola por la calle y me siento acompañada por mi sombra. Parece una tontería, pero me siento más segura. ¡Y Antonio se iba a quedar solo por culpa de una sombra que pensaba nada más que en vaguear y hacer lo que le daba la gana!

–Menos mal que por la noche me desquito y le gasto jugarretas a Antonio: le escondo la ropa, lo tiro de la cama, le susurro pesadillas al oído... –se rió la sombra–. ¡Entonces sí que me lo paso bien!

No pude aguantar más. Cogí un cubo con agua y se lo volqué encima. La sombra se deshizo, como si fuera de acuarela. Cuando regresé al comedor, encontré a Antonio sin sombra y yo me sentí feliz. Era mejor carecer de ella que tener esa sombra tan antipática. Además, ya encontraría otra más apropiada para él.

Irene Genovés

Actividades

1. ¿Quién es el narrador de la historia?

- La sombra de Antonio.
- Una amiga de Antonio.
- El propio Antonio.
- Irene Genovés.

2. Di qué adjetivos corresponden a cada personaje: Antonio, su amiga y la sombra.

decidida | solidaria | divertido | solitaria | simpático

malvada | alegre | vaga | feliz | amable | antipática

3. Lee estas frases hechas y explica su significado.

Tener mala sombra. *Ser la sombra de alguien.*

❐ ¿Corresponde alguna de las dos frases a lo que le ha pasado a Antonio?

Inventos muy útiles

Con solo tres colores
ordeno a cada uno.
Si todos me respetan,
no habrá accidente alguno.

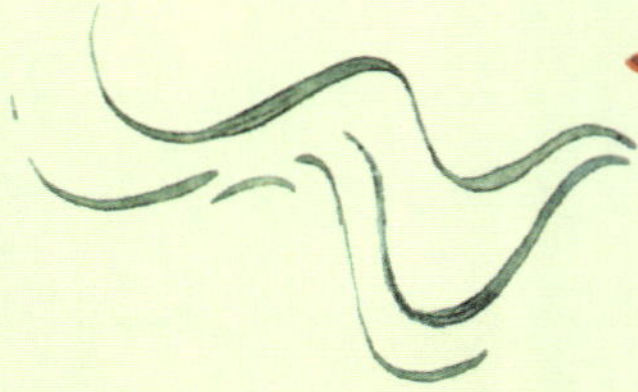

Tengo cadenas sin ser preso.
Si me empujas, voy y vengo,
y en los jardines y parques
a los niños entretengo.

No descansa ni de noche
este buen trabajador.
Calladito marca el paso
y, cuando todo está en silencio,
puedes escuchar su voz.

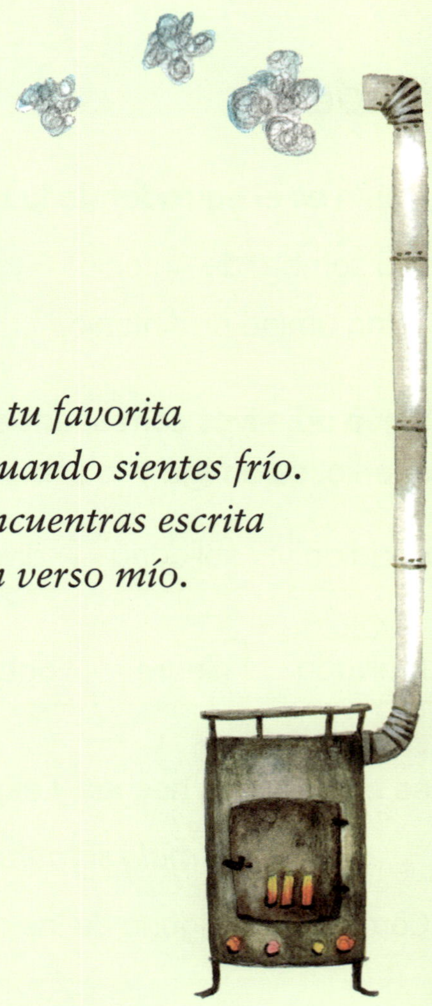

Es tu favorita
cuando sientes frío.
La encuentras escrita
en un verso mío.

Llevo secretos a voces,
corriendo por esos mundos
y, sin que nadie los oiga,
los doy en unos segundos.

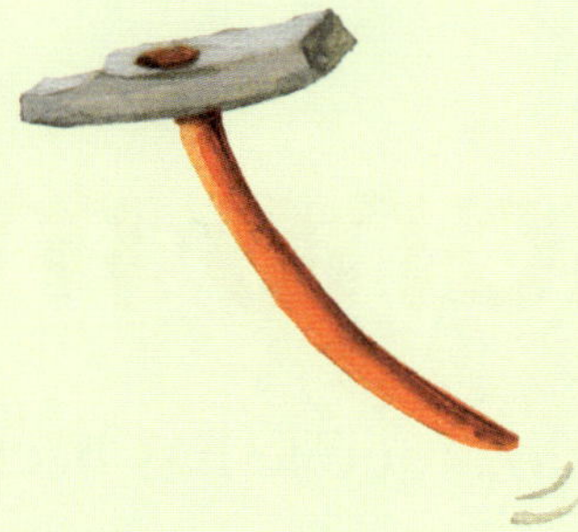

Mil dientes en fila,
agudos y cortantes,
que árboles robustos
derriban al instante.

Dos hermanitas
trabajan al compás,
con los picos para delante
y los ojos hacia atrás.

Tengo cuerpo de madera,
mi cabeza es de metal
y mi afición verdadera,
golpear y golpear.

Actividades

1. Relaciona cada adivinanza con su solución. Una pista: los dibujos te pueden ayudar.

el columpio	el reloj	el semáforo	la estufa
la sierra	el martillo	las tijeras	el teléfono

2. Completa estas adivinanzas.

¿Qué es, qué es?
Con P _ T _ S y espalda
¿Qué es, qué es?
Que ni se mueve ni _ N D _

Z _ P _ T _ S de goma,
ojos de C R _ S T _ L,
con una manguera
me has de _ L _ M _ N T _ R.

CAPÍTULO 3

El sótano misterioso

–Pero, abuelo, ¿qué le has hecho al osito? –preguntó Julia horrorizada.

–Nada grave, asearlo un poco porque el pobre apestaba –contestó el abuelo–. Además, lo he lavado porque tu madre dijo anoche que tu habitación olía a zorros. Y no eran zorros; según ella, era tu osito. La verdad es que debe tener un olfato muy fino, porque a mí no me olió tan mal.

Julia corrió al tendedero a liberar su peluche de las dos pinzas con las que el abuelo lo había colgado por las orejas. Palpó su panza y notó la dureza de las piedras dentro. Entonces, respiró aliviada.

El percance del osito le sirvió para darse cuenta de algo en lo que no había pensado antes: la piel de la bolsa tenía un olor especial que quizás le pudiera dar alguna pista...

Julia decidió preguntar en primer lugar a su abuelo:

–Abuelo, mira esta bolsa. Me la ha regalado Daniel. ¿A que es bonita? ¿Sabes de qué animal puede ser la piel?

–A ver, a ver... Sí que es bonita. No sé de qué animal será, pero es una piel muy basta, muy dura... Además, la bolsa es muy tosca.

–¿Qué quiere decir tosca, abuelo?

–Pues que está hecha con poco cuidado. La piel no está bien pulida y las costuras no son muy finas. Quien la hizo no puso mucho esmero en ello. A no ser que...

–A no ser... ¿qué? –se impacientó Julia.

–A no ser que venga de otro mundo en el que no se conozca la maquinaria moderna –dijo el abuelo, fingiendo una voz de ultratumba.

–Déjate de bromas, anda.

–Julia, si quieres, puedo llevarle tu bolsa a mi amigo Fidel. Él fue curtidor y sabe mucho de pieles.

–¡Vale! –respondió ella.

¿Unas piedras verdes? ¿Una bolsa de cuero? El abuelo miró a Julia de reojo. ¿Qué se traería su nieta entre manos? Él ya había decidido hablar con la encargada del museo para intentar averiguarlo.

Aquella tarde, Julia dibujó en su cuaderno las figuras que aparecían talladas en las piedras. Se esmeró mucho para que la copia fuera lo más exacta posible. Después de varios intentos, quedó satisfecha de su trabajo. Luego metió las piedras en un calcetín y las guardó dentro del peluche.

Al día siguiente, decidió ir a dar una vuelta a su casa para jugar con Nero y comprobar cómo iban las obras. Descubrió que habían picado la pared alrededor de la fachada, habían retirado la tierra y se veían los cimientos. El capataz y Laura estaban hablando. Parecían preocupados, tanto que no se dieron cuenta de la presencia de Julia.

–¿A quién se le habrá ocurrido cometer semejante torpeza? –decía Laura.

–¿Y con qué motivo? –remachaba el capataz–. No hay quien lo entienda. Abrirlo primero y cerrarlo después. No hay quien lo entienda.

–¿Qué es lo que no se entiende? –interrumpió Julia–. ¿Puedo saberlo?

–Pues lo que no se entiende es que la gente haga obras sin tener ni idea. Luego, pasa lo que pasa. Cuando hable con tus padres, ya te explicarán ellos...

Julia notó que Laura estaba enfadada y no quiso insistir. Lo que sí vio fue un enorme boquete en la pared, en la esquina de la casa que daba a la cocina, donde estaba el montón de escombros en el que ella había encontrado las turquesas.

Esa noche, durante la cena, Adolfo informó a la familia:

–Al parecer, el anterior propietario de la casa hizo reformas sin contar con la opinión de un arquitecto. En concreto, construyó un sótano debajo de la cocina, dejando desprotegidos los cimientos de la casa. De ahí las grietas que se han abierto en la pared.

–Y eso, ¿es grave? ¿Laura te ha dicho si tiene fácil solución? –preguntó Rocío, la madre de Julia.

–Sí, solución sí tiene, pero va a ser costosa. Además, hay que asegurarse de que no nos encontremos con ninguna otra sorpresa. Lo más curioso es que el anterior propietario, después de excavar el sótano, lo cerró de manera tan perfecta que ha estado oculto todo este tiempo. No puedo entender el motivo.

–Conociendo a mister O'Brien, no es difícil entenderlo. Al final de sus días había perdido completamente la cabeza. Aunque hay quien dice que nunca la tuvo en su sitio.

Las palabras del abuelo causaron una enorme sorpresa. Todos lo miraron expectantes, como pidiéndole: «Cuenta lo que sepas». Y el abuelo continuó:

–Mister O'Brien llegó al pueblo en una época de terrible sequía. Mandó construir la casa que ahora es vuestra y se quedó a vivir aquí. Nadie supo a qué se dedicaba. Apenas se comunicaba con la gente. Que se sepa, no tenía familia ni amigos. Bueno, de cuando en cuando llegaban algunos forasteros, lo visitaban y desaparecían al poco tiempo. Yo fui una de las pocas personas del pueblo que entró en su casa…

–¿Cómo?, ¿que tú tuviste trato con mister O'Brien? Eso no me lo habías dicho nunca –le reprochó Adolfo.

–Pues sí. El caso es que un domingo se presentó en el parque, se acercó a los que estábamos allí y preguntó quién era el que mejor conocía los alrededores del pueblo. Todos me señalaron a mí. Y ahí empezaron mis paseos con él por el campo sin rumbo fijo.

–¿Para qué quería dar paseos? ¿Y de qué hablabais, abuelo? –a Julia se le acumulaban las preguntas.

–Hablábamos poco. Él no dominaba bien nuestro idioma y ya sabes que yo, de inglés, ni mu. Por lo demás, solo le interesaban las peñas y las rocas; lo que tuviera relación con los minerales. Hay quien dice que había sido ingeniero de minas y que llegó a este pueblo cansado de recorrer el mundo. Lo que nadie sabe es por qué escogió este pueblo y no otro.

El abuelo hizo una pausa para ordenar sus recuerdos, respiró hondo y prosiguió:

–Desde entonces, se le podía ver solo, a cualquier hora del día o de la noche, por los lugares más inesperados. Siempre con su piqueta colgada del cinturón. Luego empezaron las habladurías…

–¿Qué habladurías? –interrumpió Julia.

–Pues, que si lo habían visto en el arroyo bailando a la luz de la luna; que si tenía el jardín lleno de dibujos extraños hechos en la arena… En fin, cosas así. Yo no puedo dar fe de ninguna de ellas.

–¿Y dices que una vez estuviste en su casa? –preguntó Rocío.

– Sí, un día mandó recado para que fuese a su casa. No podía suponer yo la trascendencia que podía tener mi visita. Hoy me temo que llevó a cabo una de esas locuras de las que todo el mundo hablaba y os ha tocado a vosotros sufrir las consecuencias…

–Al grano, papá, que me estás poniendo nervioso con tanto misterio –le rogó Adolfo.

Julia escuchaba con la máxima atención. La historia de mister O'Brien le estaba interesando muchísimo, más que todos los cuentos que el abuelo le había contado a lo largo de su vida.

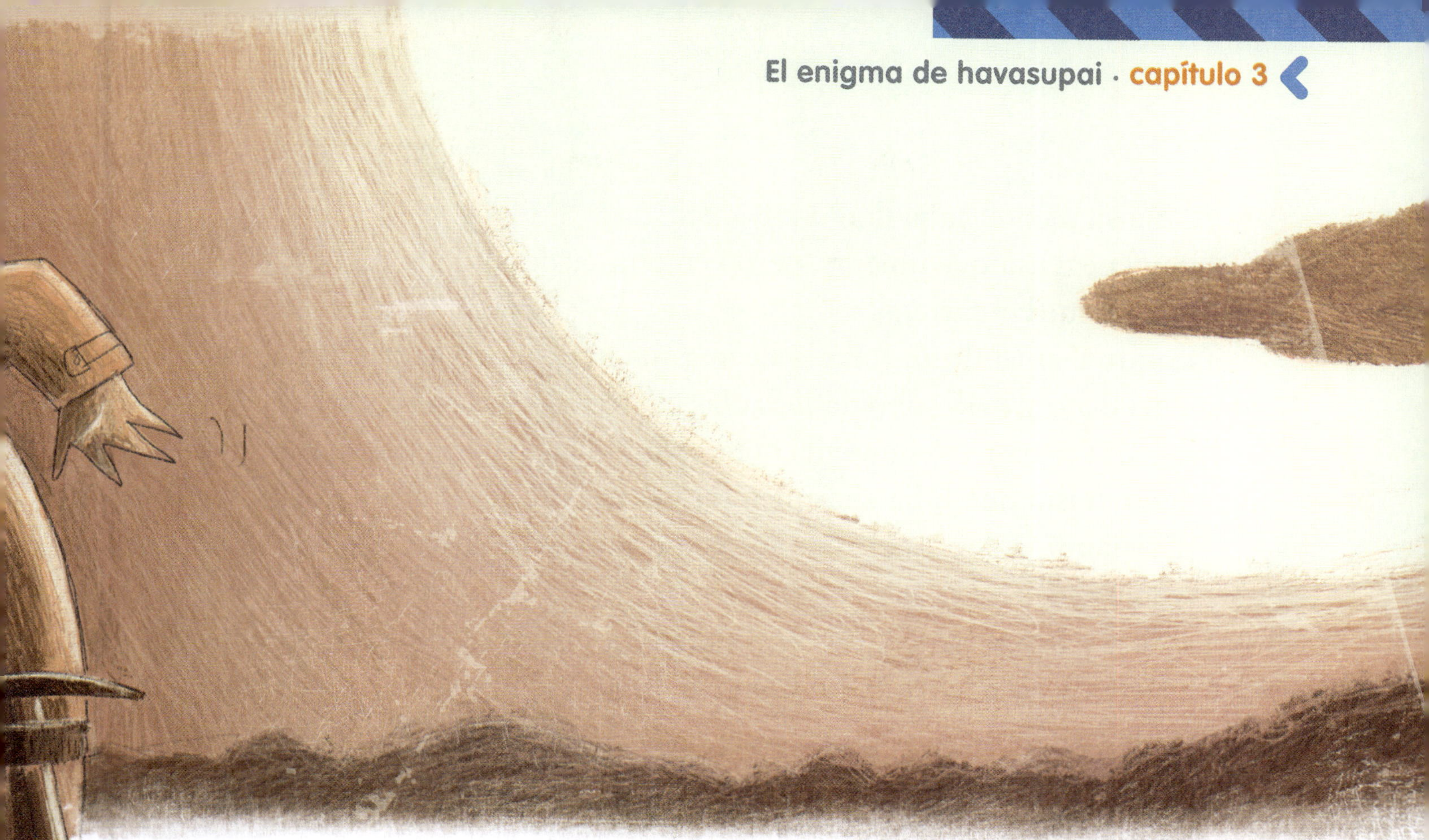

–Mister O'Brien me llamó para que lo ayudase a excavar un sótano debajo de la cocina. Lo tenía todo dispuesto: un plano rudimentario, las herramientas... La casa estaba hecha un desastre. Por todos lados se acumulaban cajas de minerales. Realmente, aquel hombre estaba un poco mal de la cabeza.

–¿Y por qué te pidió ayuda a ti? –lo interrumpió Julia.

–Pues porque sabía que yo trabajaba en la mina y que me dedicaba a reforzar las paredes y los techos de las galerías. La verdad es que él no quería recurrir a un constructor y, mucho menos, a un arquitecto. Yo pensé que quizás tuviese problemas de dinero.

–¿Y le ayudaste, padre? –intervino Adolfo.

–No, hijo, no. Le dije que para esa obra se necesitaban albañiles. Intenté convencerlo de que lo que pretendía era una locura. Y creí que nunca había hecho aquel sótano; aunque, según veo, alguien lo ayudó o... tal vez se atreviera a hacerlo él solo. Y ahí tenemos los resultados –concluyó el abuelo.

–Bueno, seamos positivos –dijo Rocío–. Algo hemos adelantado. Ya sabemos cuál es el origen de las grietas. Que lo arreglen pronto y santas pascuas.

«Habrá que hacer una visita a las profundidades de la casa. Ahí puede estar la clave del misterio», pensó Julia.

Al día siguiente, Julia llamó a Daniel.

–Pon la excusa que quieras, pero ven esta tarde sin falta. Tengo algo importante que contarte.

Cuando Daniel llegó, Julia lo llevó a su cuarto, sacó el calcetín de la panza del osito y dejó sobre la mesa las cuatro turquesas. La cara de Daniel se iluminó. Permaneció inmóvil contemplando las piedras como si estuviese alucinado, hasta que Julia chasqueó los dedos ante sus ojos.

–¡Despierta, colega! Tengo muchas cosas que contarte. Y, además, ¡tienes que ayudarme!

Los dos amigos estuvieron charlando largo tiempo. Después, salieron en bicicleta con sus mochilas al hombro. Llevaban una linterna, cuerdas y una cámara de fotos.

Llegaron a casa de Julia. Los albañiles ya se habían marchado. Los chicos desataron a Nero para que no ladrase, e inmediatamente se pusieron en marcha. El plan consistía en entrar al sótano por el boquete de la pared de la cocina y, una vez allí, investigar. Julia entró primero. Apartó unas tablas y apoyó un pie en un andamio que había en el interior del agujero. Cuando fue a poner el otro pie, resbaló y cayó como por un tobogán hasta que dio con sus huesos contra un suelo frío y húmedo.

Encendió la linterna para ver dónde había caído y no pudo dar crédito a lo que veían sus ojos.

–¡Julia!, ¿te has hecho daño? –oyó que gritaba Daniel.

–Si quieres ver algo asombroso, tírate por la rampa. Yo te alumbro. ¡Oye!, ata antes la cuerda a algún sitio para que luego podamos subir.

Daniel bajó al sótano y encontró a Julia contemplando la pared iluminada por la luz de su linterna. Allí había unos dibujos bellos y extraños…, ¡exactamente los mismos que en las piedras, solo que más grandes! Los chicos permanecieron un buen rato estremecidos de la emoción. Fue Daniel el que, poco después, se percató de que empezaba a oscurecer.

–Vámonos, Julia, que pronto se va a hacer de noche.

Treparon por la cuerda y subieron al jardín. Estaban a punto de coger sus bicicletas, cuando el ruido de unas pesadas botas sobre el asfalto les hizo volver la cabeza. Al final de la calle, recortada por la luz de una farola, vieron una silueta desgarbada, rematada por un sombrero de explorador.

Julia no recordaba haber tenido en su vida tanto miedo como el que sintió en ese momento.

Actividades

1. Recuerda el capítulo que has leído y completa en tu cuaderno.

- Al principio, Laura está enfadada porque ______
- Julia da a su abuelo la bolsa de cuero para ______
- El abuelo contó a la familia que en aquella casa ______
- Las grietas de la pared se habían producido porque ______

2. ¿Qué encuentran los chicos en la pared del sótano? Explica.

3. Reflexiona sobre el final del capítulo.

¿A quién corresponde la silueta desgarbada? ¿Cómo lo sabes?

¿Qué puede estar haciendo allí este personaje?

¿Qué crees que pasará a continuación?

Do re mi fa sol

Mozart

Esta es la historia de un genio
que en el pasado milenio
hacía brillar el sol
con su do re mi fa sol.

Fue Mozart un bebé tierno
que llegó al mundo en invierno
y cuenta quien allí estaba
que en vez de llorar, cantaba.

Con seis años, el pispajo,
iba ya de arriba a abajo
tocando, ¡vaya trajín!,
el piano y el violín.

El éxito era rotundo:
¡lo aplaudía todo el mundo!,
y dejaba boquiabierto
al que oía su concierto.

Cumplidos los ocho años,
aunque nos parezca extraño,
Mozart compuso un buen día
su primera sinfonía.

Dentro de su cocorota
bailaban cientos de notas
y formaban todas ellas
las melodías más bellas.

Ya daba la serenata
con sus óperas, sonatas,
sinfonías o cuartetos:
¡era un artista completo!

Después de muchas andanzas
se enamoró de Constanza.
Juntos pasaron la vida,
pobre, pero divertida.

Su existencia musical
tuvo un oscuro final,
pues murió de modo extraño
con solo treinta y seis años.

Aunque Mozart, a su modo,
no se fue nunca del todo:
está aquí y todo lo llena
cuando su música suena.

Su música, ¡qué delicia!,
mima, envuelve y acaricia,
se cuela directa al centro
y hace cosquillas por dentro.

Carmen Gil

Sonidos

Suena y suena la trompeta,
el clarinete y el saxo,
suenan la flauta, el flautín,
el oboe y el piano.

Suena la gaita gallega,
y el larguísimo añafil,
suena el arpa, la guitarra,
y el ruidoso tamboril.

Suenan bastante los bombos,
los platillos y los platos,
también suenan las matracas,
las maracas y el triángulo.

Suenan bien la mandolina,
el laúd y el violonchelo,
las campanas, los violines,
pero muy mal, el cencerro.

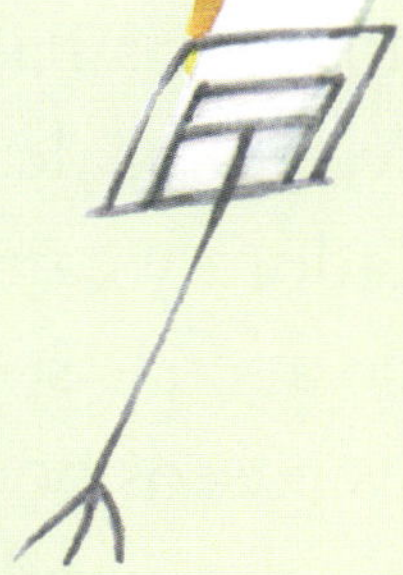

Yo no toco un instrumento
porque nadie me ha enseñado,
solo sueno mi nariz
cuando me he resfriado.

Antonio A. Gómez Yebra

Actividades

1. ¿A cuál de los dos poemas se refiere cada afirmación?

- Tiene que ver con una orquesta.
- Se citan instrumentos musicales.
- Está escrito en pasado.
- Habla de un compositor.
- Se citan composiciones musicales.
- Está escrito en presente.

2. Explica qué significa.

Mozart fue un niño prodigio.

¿Quieres escuchar alguna composición de Mozart? Entra en esta dirección web y selecciona la obra que quieras escuchar:
http://es.wikipedia.org/wiki/Fonoteca_de_Mozart

Eco y Narciso

Cuando la antigua Grecia estaba poblada por dioses, **ninfas** y otros seres fantásticos, ocurrió esta desdichada historia de Eco y Narciso.

En un bosque, no lejos de Atenas, paseaba Eco, una hermosa ninfa. En un claro del bosque vio al gran dios Zeus, conversando con otra ninfa. Eco, temerosa de ser vista por la pareja, abandonó el lugar. Mientras caminaba hacia un lago, le salió al encuentro Hera, la diosa reina del **Olimpo**:

–Bella ninfa –preguntó Hera–, ¿has visto a mi esposo Zeus por aquí?

Eco sabía que la diosa era muy celosa, de modo que le contestó:

–Llevo toda la mañana en el bosque y te puedo asegurar que aquí solo estoy yo.

La diosa Hera se marchó convencida. Pero, más tarde, descubrió que Eco la había engañado. Presa de la rabia, castigó a la ninfa con una maldición: a partir de entonces, no podría hablar ni cantar. Solo podría repetir las últimas palabras que decían los demás.

De ser una ninfa alegre, habladora y cantarina, Eco se convirtió en una triste y solitaria figura que apenas se relacionaba con nadie.

Un día, en uno de sus solitarios paseos por el bosque, Eco vio a Narciso, un hermoso joven, y se enamoró de él. Cuando Narciso era pequeño, un adivino le había dicho a su madre que el niño tendría una vida larga y feliz si nunca se miraba en un espejo. De ahí que su madre lo hubiera malcriado, hasta el punto que Narciso se creía el ser más bello de la naturaleza.

Eco se acercó a Narciso, deseosa de estar junto a él, y el joven le contestó con desprecio:

–Déjame solo, muchacha. Me estás molestando.

–Me estás molestando –repitió Eco.

–¿Que yo te molesto? –respondió sorprendido–. ¿Qué bobadas dices?

–Bobadas dices –repitió Eco, muy a su pesar.

–Aléjate de mí –exclamó Narciso–. ¡Adiós!

–¡Adiós! –repitió Eco, triste, sin poder hacer ni decir nada más.

M

- **ninfa:** diosa con aspecto de muchacha que vivía en bosques, fuentes o ríos.
- **Olimpo:** monte en el que vivían los antiguos dioses, según la mitología griega.

Narciso, enojado, prosiguió su marcha por el bosque. Eco se quedó allí, consumiéndose de dolor. Tanto, tanto sufrió que acabó perdiendo la piel, la carne y los huesos. Finalmente, quedó solo su voz.

Mientras tanto, Narciso había llegado al lago. Tenía sed y se acercó a beber. En ese momento, vio reflejado su rostro en las cristalinas y apacibles aguas, sin saber que se estaba viendo a sí mismo. Al instante, quedó prendado de aquella figura. Quiso abrazarla y metió las manos en el agua. Inmediatamente, el bello rostro se destruyó. Narciso creyó que él mismo había destruido a aquel ser del que se había enamorado y comprendió que nunca podrían estar juntos.

–¡No puedo vivir sin ti! –exclamó desolado–. ¡Adiós, ser querido!

Lejos, se dejó oír un eco que venía de las montañas:

–¡Adiós, ser querido!

Tal como le había sucedido a Eco, Narciso también se fue consumiendo. Pero no desapareció como la ninfa, sino que quedó convertido en una flor. Desde entonces, los bellos narcisos adornan las orillas de los estaques y de los lagos.

Elena O´Callaghan i Duch

Actividades

1. Ordena esta secuencia y escribe una frase para cada dibujo.

2. ¿Dónde podemos escuchar el eco? Explica.

Grandes músicos

La genialidad del músico sordo

Ludwig van Beethoven está considerado uno de los genios de la música. Muchas de sus composiciones son obras maestras, como el famoso *Himno a la alegría*, declarado Patrimonio Cultural de la Humanidad. La vida de este músico alemán no fue fácil, pues se quedó sordo muy joven; pero eso no le impidió convertirse en uno de los mejores compositores de la historia.

Beethoven nació en Bonn (Alemania), en 1770. Su padre, también músico, quería que su hijo fuese un niño prodigio. Soñaba que fuera como Mozart, que con siete años daba conciertos. Por eso, le enseñó a tocar varios instrumentos y lo mantenía encerrado durante horas estudiando música.

A los 14 años, Beethoven era ya un músico conocido. Sin embargo, su carrera como compositor alcanzó su esplendor en Viena, centro de la música de aquella época, donde Beethoven vivió hasta su muerte en 1827.

Sus problemas de oído comenzaron cuando solo tenía 26 años. La sordera se fue haciendo más grave y, con el tiempo, tuvo que dejar de tocar el piano y dirigir orquestas, porque no podía escuchar ningún sonido. A pesar de todo, nunca dejó de componer y algunas de sus mejores obras fueron escritas cuando ya no oía nada. Aunque era sordo, la música sonaba con fuerza en su imaginación. Él escuchaba las notas en su cabeza y las escribía, sin poder oír el resultado final.

A pesar de que Beethoven no tuvo una vida feliz, su música está llena de optimismo y vitalidad. En su obra destacan sus nueve sinfonías, en las que manifiesta su amor por la libertad y por la naturaleza.

M

- **clavecín:** instrumento musical de cuerda, parecido al piano.

Una niña prodigio

Elisabeth Jacquet de la Guerre nació en Francia hacia 1664. Hija de una familia de músicos, antes de cumplir los diez años ya era famosa por lo bien que tocaba el **clavecín** y por las piezas musicales que componía.

Elisabeth fue educada en la corte del rey Luis XIV de Francia y muchas de sus obras se las dedicó a este rey.

La compositora fue una mujer adelantada a su tiempo. En una época en la que las creaciones musicales eran trabajo de hombres, Jacquet de la Guerre alcanzó la fama como autora de óperas y de obras para clavecín y violín. Además, también escribió canciones y piezas cómicas para el teatro.

Tras la muerte de su padre, de su hijo y de su marido, Elisabeth se dedicó a dar conciertos con el fin de ganarse la vida. Murió en 1729, siendo considerada uno de los grandes músicos de su época.

Textos de Irene Genovés

Actividades

1. ¿Qué es lo que más te ha llamado la atención de cada biografía? ¿Por qué?

2. Contesta.

- ¿Qué tienen en común estos dos músicos?
- ¿Qué problema de salud tuvo Beethoven?
- ¿Por qué Elisabeth fue una mujer adelantada a su tiempo?

Si quieres escuchar una de las obras más famosas de Beethoven, *Para Elisa*, entra en esta dirección de Internet:
http://www.1stpiano.com/beethoven_fur_elise.php

CAPÍTULO 4

Un extraño mensaje

A la mañana siguiente, el abuelo esperaba a Julia en la cocina.

–Buenos días, abuelo. ¡Uhmmm!, ¡qué rica! Mermelada de higos…

El abuelo la estrechó entre sus brazos y le dio un beso. Julia empezó a dar buena cuenta de su desayuno con auténtico apetito.

–Anda, come, zalamera, que buena falta te hace, con tantas idas y venidas. Por cierto, ¿de dónde venías anoche, pálida como si hubieras visto al diablo? ¿No os estaréis metiendo en ningún lío, Daniel y tú?

–Tranquilo, tú serías el primero en enterarte –contestó Julia, sin saber que el abuelo ya estaba al tanto de su investigación–. Voy a terminar el desayuno, que tengo prisa.

–Por cierto, ¿no quieres saber qué averigüé acerca de tu bolsa de cuero? –preguntó el abuelo a la vez que se la mostraba.

–¡Uy!, ¡qué despiste! ¿Se la enseñaste a Fidel? ¿Qué te ha dicho?

–Pues algo muy raro. Me asegura que esta piel es de búfalo. Y además dice que debe ser muy antigua –le explicó el abuelo.

–¿Y cómo puede saberlo?

–Pues por la textura, por cómo está cosida…, yo qué sé. El caso es que me ha preguntado si han venido pieles rojas por aquí, pues la bolsa tiene toda la pinta de proceder de los indios americanos. ¿De dónde la ha sacado Daniel?

–No tengo ni idea. Pero he quedado ahora con él, así que le preguntaré.

Y Julia salió disparada para evitar más preguntas incómodas.

Daniel la esperaba en el parque. Los dos amigos se sentaron en un banco a charlar sobre los últimos acontecimientos.

–Lo último que he averiguado es que la bolsa es de piel de búfalo, y ese animal no vive por aquí –terminó de contar Julia.

–La bolsa debía estar en el sótano… Los dibujos de las turquesas y los de las paredes son iguales… –murmuró Daniel.

–Los dibujos de la pared del sótano debió hacerlos alguien fijándose en las turquesas, como hice yo al copiarlos en mi cuaderno. Y, ¿sabes qué? Creo que fue mister O'Brien quien los hizo.

–Si es verdad que viajó por todo el mundo, pudo ser él quien trajera las turquesas hasta aquí. Acuérdate de la colección de minerales que donó al museo –añadió Daniel.

–¿Y por qué no regaló también las turquesas al museo?

–Porque serían especiales, digo yo.

–Pero ¿por qué las escondió? ¿Y para qué copió sus dibujos en la pared del sótano? –Julia no paraba de hacer preguntas.

–Eso es un enigma.

Daniel estaba un poco agobiado con tanto misterio. Con el miedo que había pasado la noche anterior, ya tenía bastante. Así que estaba deseando que acabase pronto la dichosa historia de las turquesas de Julia.

–Creo que la respuesta al enigma está encerrada en los dibujos. Si pudiéramos descifrar su significado… Estoy segura de que esos dibujos quieren decir algo… –dijo Julia finalmente.

–Podríamos pedirle a Angélica que cuelgue tus dibujos en Internet para preguntar si alguien sabe qué significan.

–¡Buena idea, Daniel! ¿Cómo no se me habrá ocurrido antes? Creo que podemos confiar en ella. Pero… pensándolo bien, podemos hacer algo mejor: ¡colgar una foto de las piedras!

–¿Qué foto?

–La que vamos a hacer ahora mismo, que pareces tonto –se rió Julia.

Los dos amigos hicieron una foto de dos de las turquesas y se dirigieron a la biblioteca. Una vez allí, le pidieron a Angélica que colgase la foto en una página de minerales. Pero antes se vieron obligados a explicarle de dónde habían salido aquellas piedras.

La foto de las piedras causó sensación. Nada más colgarla, empezaron a llover comentarios. Unos querían saber cosas sobre las turquesas. Otros se interesaban por los dibujos y preguntaban por ellos. Alguien opinaba que era un baile ritual de los aztecas. Otro decía que eran dibujos de los indios apaches… Había opiniones para todos los gustos.

Julia y Daniel se vieron desbordados. No imaginaban que las turquesas fueran a causar tal sensación en la red. Como no sabían qué hacer, los dos amigos le dieron las gracias a Angélica por su ayuda y se fueron a la piscina a darse un baño.

Aquella noche, Julia pidió permiso para conectarse a Internet antes de acostarse. Quería ver si alguien había escrito algo más sobre sus turquesas. Y efectivamente, había un mensaje de un tal *Neirbo* que mostraba mucho interés por las piedras y quería verlas físicamente.

«Bueno, mañana será otro día», se dijo Julia antes de irse a la cama.

Pero, antes de dormirse, la chica tuvo una corazonada: algunos en Internet comentaban que los dibujos de las turquesas representaban una escena de una tribu... y la bolsa de cuero, según el amigo de su abuelo, podía estar hecha por los indios. ¿Tendría algo que ver todo aquello con el libro que leía en la biblioteca el turista grandullón? Si no le fallaba la memoria, aquel libro hablaba de los indios de Norteamérica.

A la mañana siguiente, Julia volvió a la biblioteca y le pidió a Angélica el libro.

–Julia, creo que ese libro no es para chicas de tu edad. No te vas a enterar de mucho…

–De todas maneras, quiero hojearlo, anda… –insistió Julia.

Al tener el libro entre sus manos, la niña sintió una gran emoción. ¿Encontraría en aquellas páginas alguna clave para resolver el misterio de sus piedras? Julia pasó las páginas con ansiedad, sin leer nada más que los títulos de los capítulos, hasta que lo encontró…

El corazón le latía con fuerza en su pecho. Ante ella había una reproducción de uno de los dibujos grabados en las piedras. Al pie de la foto se podía leer: «Danza india de la lluvia». Los comentarios de la gente en Internet tenían razón.

Julia no pudo seguir leyendo. La emoción fue más fuerte que ella y cayó desvanecida.

Al volver en sí, se vio rodeada de gente. Angélica le sostenía la cabeza y le daba aire con un abanico.

–¿Qué me ha sucedido? ¿Y el libro? –fue lo primero que preguntó.

–Julia, sea lo que sea lo que te traes entre manos, creo que has llegado demasiado lejos –le respondió Angélica–. No sabes el susto que nos has dado. Acabo de llamar a tu abuelo para que venga a recogerte.

El abuelo llegó enseguida y entró en el despacho de Angélica, donde la chica lo esperaba. Julia vio su cara de preocupación:

–Abuelo, no te asustes, estoy bien.

Al salir de la biblioteca, el abuelo le hizo un guiño de complicidad a Angélica, como diciendo «ya hablaremos».

Cuando regresaron, Daniel los estaba esperando en la puerta de la casa.

–Habíamos quedado a las doce –refunfuñó.

–Perdona, es que fui a la biblioteca temprano y… creo que me desmayé… Pasa y te cuento. Abuelo, ¿nos dejas usar el ordenador?

–No sé si debo. Bueno…, pero, poco rato, ¿eh? –concedió finalmente.

Mientras se conectaban a Internet, Julia le contó a Daniel lo que había descubierto. Al entrar en la página de minerales comprobaron que había un nuevo mensaje de *Neirbo*, que insistía en que quería ver las cuatro turquesas.

Julia y Daniel se quedaron helados: ¿cómo podía saber el tal *Neirbo* que había cuatro piedras, si en la foto solo aparecían dos?

–Te dije que esto empezaba a olerme mal –balbuceó Daniel, mientras Julia desaparecía por el pasillo–. Oye, ¿dónde te has metido?

Al llegar a la puerta de la habitación de su amiga, Daniel la encontró sentada en la cama con el osito de peluche en sus brazos.

–Las piedras, Daniel, las piedras. ¡Han desaparecido!

Fue entonces, solo entonces, cuando Julia decidió contarle al abuelo y a sus padres todo lo ocurrido. Aquello ya era demasiado para ella. Al fin y al cabo, todavía era una chiquilla. Así que, en cuanto volvieron de trabajar, Julia salió a su encuentro gritando:

–¡Papá! ¡Mamá! Tengo una cosa muy importante que deciros.

Pero Rocío se adelantó, sin que su hija pudiera añadir una sola palabra:

–Perdón, perdón, señorita. Esta vez me parece que soy yo la que tengo algo importante que decir. ¡Ha habido un cambio de planes! ¡Volamos a los Estados Unidos! ¡Rumbo al Gran Cañón del Colorado!

–¿A Estados Unidos? Pero… ¿y las obras de la casa? ¿Y los Alpes?

–Afortunadamente, ya está claro cuál es el problema, parece que no hay ninguna dificultad más y el arreglo no será tan caro como nos temíamos.

Actividades

1. Responde.

- ¿Qué ha averiguado el abuelo sobre la bolsa de cuero?
- ¿Qué le piden los niños a Angélica? ¿Por qué?
- ¿Qué significan los dibujos que están grabados en las piedras? ¿Cómo lo descubre Julia?
- ¿Qué pasa al final del capítulo con las piedras?

2. Recuerda lo que ha ocurrido a lo largo de los cuatro capítulos de *El enigma de havasupai.*

Ordena los dibujos y escribe una frase para cada uno.

3. Céntrate en el personaje que se interesa por las piedras al ver las fotos.

- ¿Cómo lo conocen los niños?
- ¿Cuál es su nombre?
- ¿Qué quiere?

4. Fíjate bien en el nombre de dicho personaje. Escríbelo con letras mayúsculas grandes y léelo al revés.

- ¿Ves algo que te llame la atención?
- ¿Te da alguna pista para saber quién puede ser?

Cartas viajeras

Desierto del Sahara, 12 de agosto de 2008

Querida Mella Camella:

Por fin estoy en tu casa y tú debes estar ya en la mía. Tuviste una buena idea cuando me propusiste hacer intercambio para conocer otros mundos.

El viaje ha sido horrible. Figúrate, bajar de los **Andes**, atravesar Perú y navegar por el océano en medio de una tempestad… Vaya, que me mareé de tal modo que, cuando desembarqué en África, tardé tres días en poder caminar sin tambalearme.

Después de una semana, llegué a tu casa, en el desierto del **Sahara**. ¡Cuánta arena! ¡Y qué calor hace aquí! Tu padre, Alí-Camello, me ha regalado una pamela que lleva incorporado un ventilador con pilas, para que pueda salir algún rato a pasear.

Me paso todo el día sudando y muerta de sed. ¿Cómo podéis estar vosotros cuarenta días sin beber? Yo he tenido que colgarme una cantimplora al cuello.

¡Ay, prima mía! Me sobra mi piel de lana y me faltan unas gafas de sol. También me faltan mis hermosas montañas llenas de nieve.

Un escupitajo,

Yama la Llama

M

- **Andes:** cordillera montañosa de América del Sur.
- **Sahara:** gran desierto situado en el norte de África.

Los Andes, 25 de agosto de 2008

Querida Yama la Llama:

Yo también quiero volver a mi casa. Mi viaje fue igual de espantoso. Salir del desierto, subir a un avión y estar veinte horas atada a un incómodo sillón me provocó dolor de joroba. Y para qué contarte lo que me costó llegar a tu casa de los Andes. ¿Por qué vives tan alto?

Aquí hace un frío terrible. Tu mamá, Maya Llama, me ha tejido una mantita de lana y unos calcetines, pero no puedo salir de casa, pues me resbalo montaña abajo. Mis patas están hechas para la arena mullida y no para estos peñascos.

Tampoco me acostumbro a escupir como lo hacen tus hermanas y hermanos. ¡Qué asco! Yo solo sé dar algún mordisco que otro y, en todo caso, babear un poco.

En fin, prima, como ya hemos visto las dos mucho mundo, mejor será que volvamos cada una a nuestra casa, ¿no crees?

Un mordisco,

Mella Camella

Textos de Inmaculada Díaz

Actividades

1. Copia y completa la frase con la opción correcta.

El texto es un intercambio de cartas...

- entre una camella y una llama que viajan cada una al hogar de la otra.
- entre una camella y una llama que han hecho juntas un viaje.

2. Copia y completa el cuadro.

	Dónde vive	Adónde va	Con quién se encuentra	Lo peor de su viaje
Yama la Llama	En los Andes		Con Alí-Camello	
Mella Camella		A los Andes peruanos		Veinte horas de viaje sentada

Palabras para jugar

Ríe risueña el agua del río,

Ignorando cuál es su destino:

Olas tercas, en un mar bravío.

Me trae de lejos, la caracola,

Antiguos recuerdos, sueños de olas.

Resuena el eco de tanta historia...

Jo, jo, jota

Entre lejanos matojos
juegan a los acertijos
una pareja de piojos,
una jirafa quejica,
un cojo conejo viejo,
una pija lagartija
y un hatajo de cangrejos.

La cejuda comadreja,
que con anteojos vigila,
se queja con ojeriza:
–Jolín, ¿qué es ese jolgorio?
Contagia su ira a la abeja,
al jaguar y al abejorro,
la envidiosa comadreja.

–Jaguar, me juego el pellejo
–dijo enojada la abeja–
que tan ingente cortejo
hoy se ha vuelto majareta.

Textos de Elena O'Callaghan i Duch

Actividades

1. El primer poema es un acróstico. ¿Qué palabras se leen en vertical?

❒ Inventa y escribe un acróstico. Piensa primero en la palabra que quieres que se lea en vertical.

2. Lee el caligrama. ¿Qué parecen las letras?

3. *Jo, jo, jota* es un trabalenguas. ¿Qué sonido se repite?

❒ Inventa un texto procurando que la mayoría de las palabras contengan el mismo sonido. Puedes ayudarte del diccionario.

La ciudad de «los sin ciudad»

Había un príncipe llamado Ocno que veía el futuro en sueños. En una ocasión soñó que debía salir de su patria para cumplir una misión.

En su viaje, el príncipe aprendió a observar los vientos, las estrellas y las nubes para adivinar el tiempo y **predecir** cómo serían las cosechas. Cuando pasaba por las aldeas, enseñaba a los vecinos todo lo que había aprendido.

Una noche, el dios Apolo comunicó en sueños a Ocno que su viaje había terminado.

–¿Puedo volver a mi patria? –preguntó Ocno.

–No. Ya no tienes patria ni ciudad –respondió Apolo.

–¿Qué debo hacer entonces? –dijo Ocno.

–Debes construir una ciudad para todos los que no la tienen.

Y con estas palabras, Apolo desapareció.

Ocno despertó en un paraje rodeado de encinas y madroños, donde había agua abundante. Divisó algunas chozas de pastores dispersas por el monte y se dirigió hacia allí. Aquellos pastores procedían de muy lejos. La gente los llamaba carpetanos, que quiere decir «los sin ciudad». Ocno les preguntó por qué no habían construido al menos una aldea.

–Nuestros antepasados nos dijeron que debíamos esperar que nos llegara una señal –respondió uno de ellos.

El príncipe Ocno, entonces, les contó su sueño, y los carpetanos se pusieron manos a la obra. Hombres, mujeres, niñas y niños levantaron una muralla. Dentro, distribuyeron los edificios formando calles y plazas.

Resultó una ciudad magnífica. Pero, cuando iban a inaugurarla, surgió un problema. Algunos opinaban que debían dedicar aquella ciudad a Apolo, pero otros querían seguir fieles a sus antiguos dioses. Las discusiones se fueron haciendo cada vez más violentas.

M

- **predecir:** adivinar lo que va a suceder.
- **Metragirta:** diosa también conocida como Cibeles.

Aquella noche, Apolo volvió a aparecer en los sueños de Ocno.

–Esta nueva ciudad debe estar dedicada a la diosa **Metragirta**, la madre tierra –dijo el dios.

–Pero ¿no ocasionaré con esto más discusiones? –preguntó Ocno.

–Tu misión ha concluido. Ahora debes marcharte para que ellos busquen por sí mismos su felicidad –respondió Apolo.

Ocno decidió entonces reunir a los carpetanos, y les pidió ayuda para cavar un profundo hoyo. Después, buscaron una gran piedra para cubrirlo. Al terminar, Ocno se purificó, se perfumó, se coronó con una guirnalda de flores y descendió al hoyo. Los carpetanos lo cubrieron con la piedra mientras entonaban himnos. Y allí permanecieron esperando un milagro.

Al llegar la noche, se desató una terrible tormenta. Entre el resplandor de los relámpagos, apareció un carro de nubes conducido por una mujer. Los carpetanos reconocieron a Metragirta. La tierra tembló cuando se posó sobre ella el carro de la diosa. Luego cayó una suave lluvia.

Cuando escampó, ya era de día. La piedra que cubría el hoyo se había roto en mil pedazos y el príncipe Ocno ya no estaba allí.

Esta es la leyenda de la ciudad de Metragirta, que después se convirtió en Magerit. Ahora se llama Madrid, pero sigue siendo la ciudad de todos.

Ana Rossetti

Actividades

1. Ordena esta secuencia y escribe una frase para cada escena.

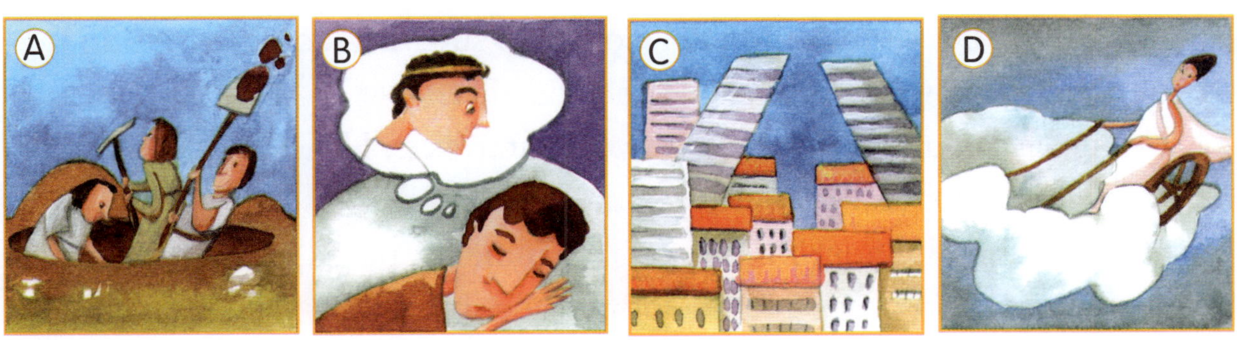

2. Busca información, con algunos compañeros, sobre el origen de tu localidad.

- ¿Cuándo se construyó? ¿De dónde viene su nombre?

CAPÍTULO 5

La clave del enigma

Sentada en el asiento del avión, con los motores rugiendo, Julia se sintió la niña más afortunada del mundo. En cuanto su madre le anunció el nuevo viaje, decidió olvidarse de todo lo ocurrido en los últimos días. Nada le impediría disfrutar a tope. Ya habría tiempo, a la vuelta, para intentar poner en claro el enigma de las turquesas.

Aterrizaron en Chicago y allí cogieron otro avión hasta Denver. Después, alquilaron un coche. Iban a atravesar el territorio indio donde se ruedan las películas del oeste, para llegar a... ¡el Gran Cañón del Colorado!

Desde la ventanilla del coche, Julia reconocía los paisajes desérticos que había visto en las películas de vaqueros.

Antes de llegar al motel, se detuvieron en uno de los miradores que había al lado de la carretera. Estaba a punto de ponerse el sol. La inmensidad del Gran Cañón del Colorado superaba con creces todo lo que Julia había visto en sus doce años de vida.

–Vamos a sentarnos un rato para ver el atardecer. He leído que los rayos del sol sobre las rocas rojas producen un efecto maravilloso –propuso Rocío.

Se quedaron allí, admirando cómo la inmensa pared rocosa del Gran Cañón se teñía con una gama de colores que iba del naranja al violeta.

Cuando el sol desapareció por el horizonte, Adolfo dijo:

–Vámonos, que mañana tenemos un día muy ajetreado. Bajaremos al fondo del cañón, hasta llegar a La Madre de las Aguas, la cascada sagrada de los indios havasupai.

A la mañana siguiente, después de desayunar, se dirigieron al punto de encuentro con el guía. Adolfo le entregó la documentación. El guía los saludó y señaló tres hermosas yeguas que pacían cerca de un grupo de mulas.

–¿Vamos a caballo? –preguntó Julia–. Yo creí que iríamos andando.

–No lo sé –respondió su madre–. Los havasupai tienen unas normas muy estrictas. Solo conceden permiso para entrar en su reserva a un pequeño número de visitantes, y hay que seguir en todo momento las indicaciones del guía. Ten en cuenta que vamos a acceder a lugares sagrados para su tribu.

El guía los ayudó a subir a las yeguas y les dio las últimas instrucciones:

–El descenso es peligroso, pero no tienen nada que temer: las yeguas saben bajar hasta con los ojos cerrados. Pueden avisarme si necesitan algo. Mi nombre es Havasu Wata, Guardián del Agua Azul.

Iniciaron la marcha detrás de Havasu Wata. El sendero excavado en la roca era muy estrecho. Tanto, que había momentos en los que los animales tenían que girar sobre sus patas en un palmo de terreno. Julia sintió pánico en aquella pendiente tan empinada, pero, poco a poco, su yegua le fue proporcionando seguridad.

Terminada la pendiente, el sendero continuaba por un valle lleno de huertas y melocotoneros. Las aguas del río Colorado discurrían mansas entre la tierra roja. Al doblar un recodo del camino, se encontraron frente a La Madre de las Aguas, que vertía un torrente de agua sobre un lago azul, desde una altura tan grande que el agua parecía manar del cielo. Al chocar, las aguas producían nubes de espuma.

–¡Papá! ¡Mamá! ¡Mirad! En el borde del lago… ¡están rodando una película! –gritó Julia al ver un grupo de hombres y mujeres havasupai ataviados con sus mejores galas.

Pero algo raro debía estar pasando en aquel rodaje, pues el grupo de nativos, con el jefe a la cabeza, avanzaba hacia ellos en medio de un gran alborozo. En un abrir y cerrar de ojos quedaron completamente rodeados. Havasu Wata se acercó para ayudarlos a bajar de las yeguas. Entre los indios se hizo un silencio sepulcral. Pero, en cuanto Julia puso un pie en tierra, todos comenzaron a danzar al ritmo de los tambores.

Terminada la danza, Julia oyó una voz a sus espaldas:

–Es la danza de bienvenida del pueblo havasupai. Havasu Wita, el jefe de la tribu, ha ordenado que bailen en tu honor.

Julia giró la cabeza y sintió que la sangre se le helaba en las venas: el dueño de aquella voz no era otro que… ¡el turista grandullón de la cazadora de cuero y el sombrero de explorador! ¡El que tanto miedo le hizo pasar aquella noche! Instintivamente, se acercó a sus padres en busca de protección.

Para su sorpresa, su padre la sujetó por los hombros mientras le decía:

–No tienes nada que temer, Julia. Estamos entre amigos. Mira en tu mochila, quizás seas portadora de un tesoro que hace cincuenta años le fue arrebatado a esta tribu, los havasupai.

Julia empezó a rebuscar en su mochila, hasta que su mano dio con un bulto inconfundible al tacto. ¿Quién habría puesto la bolsa de las piedras allí? Sin salir de su asombro y temblando de la emoción, la cogió con cuidado. Con el brazo en alto, la niña mostró la bolsa de piel de búfalo que contenía las turquesas.

El jefe havasupai se acercó a Julia y le hizo una ceremonial reverencia.

–Dáselas, Julia, son suyas –le animó su madre.

Julia le ofreció la bolsa a Havasu Wita. Este la tomó entre sus manos, la abrió y depositó en la tierra las cuatro turquesas. Entonces, el grupo de indios empezó a bailar una danza de ritmo frenético.

–A su manera, te están dando las gracias por haberles devuelto los amuletos que les robó mister O'Brien –comentó el turista grandullón.

–Julia, te presento a mister Appelton. Es antropólogo y ha sido él quien ha organizado este encuentro –dijo Adolfo ante el asombro de su hija.

–Tenemos que explicarte muchas cosas, pero todo a su tiempo –intervino mister Appelton–. Ahora disfrutemos del éxito de nuestra misión.

A una orden del jefe de la tribu, la danza cesó, y Havasu Wita empezó a hablar. Su voz era cálida y aterciopelada:

–Pequeña niña Julia: el Gran Espíritu te escogió para encontrar las piedras sagradas del pueblo havasupai. En nombre de todos los miembros de la tribu y también en el de nuestros antepasados, te damos las gracias. Esta noche daremos la bienvenida a la luna llena. Bajo su luz te concederemos el nombre de Nalu Almha Havasu, que quiere decir «Luna Amiga del Pueblo del Agua Azul Verdosa». Y celebraremos el ritual de la lluvia con las piedras sagradas que tú nos has devuelto.

–Si aceptas el nombre, en señal de gratitud has de hacer un dibujo en la arena –le explicó mister Appelton–. Y debes saber que solo hay tres personas a las que hayan concedido tan alto honor. Una de ellas fue el presidente de los Estados Unidos, que devolvió a los indios las tierras que les habían sido arrebatadas.

A Julia no le salía la voz del cuerpo. Con una mirada pidió la aprobación de sus padres y, después, dibujó en la arena un corazón con una luna y cuatro turquesas dentro. Aquel dibujo debió agradar a los indios, pues lo acogieron con gritos de júbilo.

Al llegar la noche, en el poblado comenzaron a sonar los tambores y los havasupai entonaron bellas canciones. Alumbrados por la luz de las antorchas, una comitiva se puso en el camino hasta La Madre de las Aguas. Havasu Wita encabezaba el cortejo, seguido de Julia.

Cuando llegaron a la laguna, los indios se colocaron al borde del agua. En aquel momento, cesaron los cánticos y se acalló el sonido de los tambores. Havasu Wita apagó su antorcha en el agua y todos lo imitaron. Al instante, la luna hizo su aparición al fondo del Cañón.

Lo que sucedió a continuación, Julia no podría olvidarlo en su vida. Los miembros de la tribu havasupai fueron adentrándose en la laguna hasta que el agua les cubrió la cintura. Allí esperaron a que la luz de la luna se reflejase en el agua. Entonces, al unísono, comenzaron a pronunciar el nombre de Julia: ¡Nalu Almha Havasu!, ¡Nalu Almha Havasu!, ¡Nalu Almha Havasu!

Ella no sabía qué hacer. Obedeciendo a un impulso, se introdujo en el agua hasta situarse junto a Havasu Wita. El jefe havasupai le ofreció entonces dos de las turquesas sagradas, a la vez que le indicaba con gestos que extendiera sus brazos en dirección a la luna.

Así permanecieron los dos un buen rato, hasta que Havasu Wita pronunció unas palabras rituales:

–Luna, luna, mira hacia aquí,
que el cielo derrame sus lágrimas mañana sobre mí.

En el avión, de vuelta a casa, Julia intentaba encontrar una explicación a las maravillosas experiencias vividas entre los havasupai. Su padre aprovechó para continuar aclarándole algunas de sus dudas:

–Quiero que sepas, hija, que nos enteramos de que encontraste las piedras gracias al abuelo, que es más listo que el hambre. Y como mister Appelton entró en contacto con nosotros, pronto supimos que pertenecían a los indios havasupai.

–¿Y por qué no me dijisteis nada?

–Porque queríamos dejar que investigaras por tu cuenta. Y, sobre todo, deseábamos darte una sorpresa, ya que mister Appelton nos propuso viajar al Gran Cañón para devolverles las turquesas a los indios.

–Pero... ¿cómo conocisteis a mister Appelton? –preguntó Julia.

–Fue Silvia, la encargada del museo, la que le dijo que hablase con nosotros. Ella sabía que estaba buscando unas piedras que había robado mister O'Brien, el antiguo propietario de nuestra casa. Y yo, al saber que habíais colgado la foto en Internet, decidí hacerme pasar por *Neirbo*.

–Y también nosotros nos pusimos a investigar –continuó Rocío–. El abuelo me enseñó la bolsa y... ¡me acordé del olor de tu osito! Esa fue la pista que nos ayudó a encontrar las piedras.

–Pero ¿quién es, en realidad, mister Appelton? ¿Cómo podía saber él lo que estaba pasando? –preguntó Julia.

–Mister Appelton es un científico que ha dedicado su vida a estudiar la cultura de los pueblos indígenas norteamericanos. Los havasupai recurrieron a él para que les ayudara a encontrar las piedras sagradas que mister O'Brien les arrebató hace años –le aclaró su padre.

–¿Por qué mister O'Brien robó las piedras, papá?

–No sabemos muy bien por qué. Mister O'Brien pasó algún tiempo en el Cañón del Colorado, en terrenos de los indios havasupai, explotando unas minas de oro. Posiblemente, conoció la existencia de las piedras en un ritual para invocar la caída de la lluvia como el que tú has presenciado y quiso hacerse con esos poderes mágicos. Tal vez estuviese ya perdiendo la cabeza...

–Mister Appelton, en sus investigaciones, llegó a dar con su último paradero y por eso vino a nuestro pueblo –intervino la madre de Julia.

–Yo lo vi en la biblioteca leyendo un libro sobre las tribus indias.

–Exacto. Y en ese libro está la clave de por qué el anterior propietario de nuestra casa construyó un sótano bajo la cocina: los havasupai excavaban bajo sus casas una cueva para adorar a sus dioses.

Julia pensó en las palabras de despedida que Havasu Wita le dedicó:

«Cada vez que veas la luna, piensa en La Madre de las Aguas. Los havasupai nunca olvidarán lo que has hecho por ellos».

Y echó mano a su bolsillo para comprobar que iban con ella las cuatro turquesas que había comprado como regalo para Daniel, Angélica, Silvia y el abuelo. ¡Tenía tantas cosas que contarles!

Actividades

1. ¿Qué tipo de relato es *El enigma de havasupai*? Razona tu elección.

de misterio	de humor	de aventuras	de ciencia ficción

2. Inventa otro título para este relato.

3. Céntrate en el personaje de mister Appelton y responde.

- ¿Cuándo lo ve Julia por primera vez? ¿En qué otras ocasiones lo ve?
- ¿Por qué pone nerviosa a Julia este personaje?
- ¿Quién es realmente?
- ¿Cuándo se entera Julia de quién es?

4. Piensa en la relación de Julia con sus padres:

¿En qué momento se enteran los padres de Julia de lo que está pasando? ¿Por qué no le dicen nada a su hija?

5. Imagínate que en lugar de turquesas, Julia encuentra en el sótano una misteriosa vasija. Inventa qué puede contener.

Un jardín de palabras

Al escondite

Escóndete debajo
de un almendro,
te vestirá de flores
en invierno.

Escóndete debajo
de la luna,
te cubrirá de plata
y de dulzura.

Escóndete debajo
de un reloj,
escucharás el tiempo
y su canción.

Escóndete debajo
de un ciprés,
verás un río verde
del revés.

No te escondas debajo
de ti mismo,
y espera a que te encuentren
tus amigos.

Manuel Jurado

El árbol pulpo

El árbol pulpo no es pulpo,
el árbol pulpo es un árbol
y respira por las hojas
el aire que respiramos.

El árbol pulpo es un pulpo:
tiene muchísimos brazos
repletos de flores malva
donde se posan los pájaros.

El árbol pulpo no es pulpo,
no vive en acantilados,
le gustan más los jardines,
el bosque, la selva, el campo.

El árbol pulpo es un pulpo
con brazos pero sin manos;
las mariposas le llevan
noticias del mar lejano.

El árbol pulpo no es pulpo,
pero abraza con sus brazos.

Antonio A. Gómez Yebra

Chaparrón

Chaparrón, chaparrón,
no me mojes mi canción,
pues dejaré de cantar
si se pone a diluviar.

Asomado a la ventana
veo venir a una rana
que se ha quedado muda
porque cantaba desnuda.

Chaparrón, chaparrón,
gotas en mi habitación.
He dejado de cantar,
no me vaya a resfriar.

María Sanz

Actividades

1. Completa para cada estrofa del primer poema, excepto la última.

Si te escondes ______, te ______

❒ Explica qué diferencia hay entre esas estrofas y la última. ¿Qué quieren decir los últimos versos?

2. Completa y copia.

- El árbol pulpo no es pulpo porque ______
- El árbol pulpo es pulpo porque ______

3. Intenta construir un poema similar a *Chaparrón*, cambiando la idea del agua por mucho calor. Puedes empezar así:

¡Calor, acaloramiento!
A ti, Sol, canto un momento.
No calientes mi canción,
o tendré una insolación.

EL ECOLOGISTA

Un alga asesina amenaza el Mediterráneo

La flora y la fauna corren peligro ante la invasión de una planta tropical

La nueva especie llegó a las costas europeas al vaciarse un acuario

La Posidonia es una planta submarina que se extiende por el fondo del mar formando auténticas praderas verdes donde se alimentan muchos animales marinos, como los erizos y las estrellas de mar. Además, entre sus largas hojas verdes viven pulpos, sepias y un gran número de peces.

En los últimos tiempos, la Posidonia oceánica está en peligro, debido a la aparición de una nueva alga procedente de otros mares más cálidos que se está extendiendo rápidamente. Esta nueva alga llegó al Mediterráneo al vaciarse por accidente un acuario en el mar hace unos veinte años. Los científicos señalan que desde entonces no ha dejado de **expandirse**, asfixiando a las plantas submarinas que son propias del Mediterráneo. Para los ecologistas, con el paso del tiempo esta especie puede acabar con las plantas y los animales de la costa mediterránea.

Contaminación

La Posidonia no solo sirve como refugio y alimento a cientos de animales, también actúa como un auténtico pulmón verde en el fondo del mar. Además de proporcionar el oxígeno necesario para la vida, la Posidonia ayuda a filtrar las impurezas del agua.

Según los expertos, cuando en una costa hay Posidonia, no hay contaminación, pues esta planta solo crece y se desarrolla en aguas cristalinas. Por desgracia, la basura que arrojamos al mar puede acabar con estas hermosas praderas.

M

- **expandirse:** extenderse en todas direcciones.
- **negligencia:** falta de cuidado, de atención o de interés.

Los bosques están amenazados por el fuego

Ante el creciente aumento de incendios forestales, nuestro país está en peligro de desertización

Las **negligencias**, las hogueras encendidas en el bosque, las colillas de cigarrillos arrojadas desde las ventanillas de los coches o el vertido de basuras son algunas de las principales causas de los incendios que se dan en nuestro país. Según las asociaciones ecologistas, en el último año se han producido más de veinte mil incendios forestales en el territorio español. Solo algunos de estos incendios fueron provocados por rayos u otras causas naturales.

Los expertos advierten que el aumento de incendios puede llegar a convertir España en un desierto. La desaparición de bosques a consecuencia del fuego no solo puede producir cambios en el clima, sino que también afecta a los animales y daña el suelo. Los grupos ecologistas recuerdan que, al igual que las praderas de Posidonia en el mar, los bosques son el pulmón verde en tierra firme, pues ayudan a producir oxígeno y disminuyen la contaminación.

Textos de Irene Genovés

Actividades

1. **¿Crees que estas noticias pueden ser reales? ¿Por qué?**

2. **Copia y completa el cuadro.**

		1.ª noticia	2.ª noticia
Titular			
Subtítulos			
Ideas principales	Peligro o amenaza		
	Consecuencias		

3. **¿Cuál es el nombre del periódico? ¿Qué otro nombre le pondrías? ¿Por qué?**

Salvemos la Tierra | Bosques y mares | Aprendamos a reciclar

Una manzana en el cesto

Cuando empezaron las vacaciones, José se despidió de su maestro y de sus amigos. Pero en esta ocasión no era como otras veces: ya no volvería a la escuela, porque se marchaba del pueblo.

En las últimas semanas fueron desapareciendo todas las cosas de su casa. Algunas estaban metidas en cajas o atadas con cuerdas. Otras se habían vendido. Su madre apenas podía disimular las lágrimas mientras se esforzaba por dar ánimos a los demás. Su padre estaba muy serio: dentro de pocos días se marchaban a Alemania a trabajar.

José y sus hermanos se quedaron con unos tíos que vivían en otro pueblo. Su tío era zapatero y en aquella casa vivían con medios muy escasos. Por eso, durante las vacaciones, José se propuso ganar su comida y la de sus hermanos.

El pueblo estaba rodeado de manzanos y José se unió a una cuadrilla para la recolección de fruta. El primer día le mostraron unos grandes cestos de mimbre. Le pagarían según los que llenara. Aquel trabajo parecía sencillo y José se puso a ello con mucha energía.

Cuando acabó la jornada, todos los recolectores presentaron al capataz sus cestos rebosantes de olorosas manzanas. Algunos habían llenado hasta tres. José tenía el cuello y la espalda doloridos y las manos agarrotadas. Pero no cobró nada, porque no había conseguido llenar un cesto completo.

M

- **jornal:** dinero que gana un trabajador cada día.

El segundo día recogió menos aún porque le habían salido ampollas en las manos. Al tercer día, José aborrecía las manzanas. Estaba a punto de abandonar la tarea cuando uno de los recolectores gritó alegremente:

–¡Eh, amigos! ¿Ya habéis llenado vuestros cestos?

–¡Sí! –se oyó responder desde las copas de los árboles.

–¡Pues vamos a ayudar al chaval!

Desde ese día, cada vez que un recolector completaba un cesto, dejaba caer unas cuantas manzanas fuera para José. Gracias a eso, el chico pudo llenar siempre el suyo y ganar así su **jornal**.

José es mi abuelo y, aunque ha llegado a ser profesor de universidad, esa lección solidaria no la ha olvidado. Él me ha enseñado que cualquier ayuda, por pequeña que sea, es importante.

Hay muchas maneras de echar una manzana al cesto, dice mi abuelo, y si conseguimos que todos los cestos estén siempre llenos, ningún niño ni ninguna niña tendrá que hacer lo que no le corresponde. Podrá ir a la escuela, podrá jugar y podrá disfrutar de las cosas. Irá a los manzanos, claro que sí, pero a pasear y a admirar su belleza. Y cogerá manzanas solo para comerlas de postre.

Ana Rossetti

Actividades

1. Elige y completa las palabras del abuelo.

- … conseguía llenar cestos de manzanas yo solo.
- … los recolectores me ayudaban a llenar mi cesto.
- … nunca llené un cesto de manzanas.

2. Contesta.

- ¿Crees que el cuento es fantasía o realidad? ¿Por qué?
- ¿Qué podemos aprender de la historia del abuelo?

Trimestre 3

Aventura en Halifax

Autor: Leopoldo Cañizo Durán

CAPÍTULO 1
Conociendo Halifax

Cuando Läurenz Läurentidis se despertó, ya los primeros rayos del sol se colaban entre las persianas, dibujando un laberinto de líneas que decoraban la madera del suelo de la habitación.

Aún no eran las siete de la mañana, pero Läurenz se sentía completamente renovado a pesar del largo viaje que había realizado para llegar a la Residencia.

La Residencia-Colegio Halifax estaba situada en un antiguo edificio. En su fachada, decorada con grandes piedras de mármol y de granito, un enorme escudo daba cuenta del pasado glorioso de aquella institución.

Entre las grandes personalidades que habían estudiado allí, estaban dos presidentes de la nación, más de ocho jueces, tres importantes jugadores de hockey y un gran número de intelectuales y de artistas. Era todo un orgullo para su familia que Läurenz hubiese conseguido aprobar los exámenes para ser admitido en Halifax y, aunque todos se habían sentido un poco tristes con su partida, lo animaron y lo acompañaron al puerto haciendo de tripas corazón.

–Estoy seguro de que harás que nos sintamos muy orgullosos de ti –dijo el señor Läurentidis cuando se despidió de su hijo, al tiempo que le daba un fuerte abrazo.

«Un paseo por el patio me vendrá bien antes de las clases», pensó Läu, y se levantó de la cama de un salto.

Al bajar las escaleras de la Residencia, el muchacho se acordó del olor del mar y se dio cuenta por vez primera de lo lejos que estaba de casa. Había salido de su pueblo, en las Provincias Marítimas, dos días antes, y había tenido que coger un barco, dos autobuses, un tren, un avión y otro autobús para llegar a Granciudad. Desde allí, se dirigió a Halifax en bicicleta. La parte más difícil había sido la última, porque al cansancio del viaje se unía su poca experiencia en montar en bici, y más de una vez estuvo a punto de acabar con la maleta y su propio cuerpo en el suelo.

Läurenz seguía pensando en su pueblo, en su familia y en su largo viaje, cuando observó que había dos figuras vestidas de negro sentadas en un banco de madera del patio.

«Vaya, otros que son tan madrugadores como yo», pensó, y se dirigió a saludar a aquellos que, posiblemente, eran compañeros de estudios.

–¡Hola! –les dijo–. ¿Qué hacéis levantados tan temprano?

–¿Tan temprano? Querrás decir «tan tarde» –respondió el menor de los dos, con una enigmática sonrisa que dejaba ver un colmillo reluciente y puntiagudo.

Antes de que Läurenz pudiese replicar, el otro muchacho, que lucía un extraño peinado, exclamó interrumpiendo la conversación:

–¡Mira, Silván! ¡El director! Vámonos que nos va a pillar.

Läurenz volvió la cabeza hacia la puerta de la Residencia.

–¡Hasta luego, *marítimo*! –dijeron los dos a sus espaldas.

Cuando Läurenz se giró de nuevo, no había nadie en el banco.

–¡Centella! ¡Han desaparecido como por arte de magia! –masculló en voz baja, lleno de asombro.

Justo en ese momento, una sombra lo cubrió, al tiempo que una grave voz se dirigía a él y le decía secamente:

–*¿Qué está usted aquí a esta hora haciendo?*

–Yo… eh, yo…

Entre la extraña manera de hablar de aquel hombre –con el tiempo, Läurenz sabría que los habitantes de Granciudad acostumbran a cambiar el orden de las palabras cuando se enfadan– y la incomprensible desaparición de los dos chicos de negro, Läu no supo qué responder.

El profesor Soult, director del Colegio Halifax, no parecía estar de muy buen humor aquella mañana.

–*¡Castigado usted está! En el primer recreo, se me usted presenta de Química en el laboratorio.*

Conteniendo la risa por aquella manera de hablar, y pidiendo disculpas no sabía muy bien por qué, Läurenz se marchó a desayunar, antes de ir a clase.

La primera parte de la mañana transcurrió rápidamente. Pronto sonó la campana que anunciaba el recreo. «¿Dónde rayos estaría el laboratorio de Química?», pensó Läurenz, y le preguntó a un compañero de clase.

–Abajo, en las catacumbas. ¿Dónde si no? –respondió este secamente.

El laboratorio de Química era digno de ver. En las estanterías de las paredes se acomodaban vasos y probetas, vasijas de vidrio y cajas de mil colores. Sobre una de las mesas centrales, un individuo alto y despeinado, vestido con una bata llena de manchas de colores, vertía un líquido morado en un pequeño tubo de ensayo que calentaba al fuego.

–¡Buenos días! –dijo Läurenz al entrar.

En ese instante, al profesor Pichel se le escapó el tubo que sostenía en la mano y, después de un ¡puf! similar al de un globo que se deshincha, una nube morada cubrió el techo de la habitación.

–No te preocupes –dijo el profesor después de abrir las ventanas–. Ha sido un accidente sin importancia. Mi nombre es Pichel y tú debes ser Läurenz. Vienes a cumplir tu castigo, ¿verdad?

A continuación, le informó de que el castigo que le había impuesto el director consistía en limpiar el laboratorio y le indicó dónde estaban las escobas y los trapos. Läurenz comenzó sus tareas de limpieza.

Entonces, tras unos golpes suaves, la puerta se volvió a abrir y Läurenz pudo contemplar un magnífico espectáculo: una niña guapísima, que debía tener su misma edad, hacía su aparición en el laboratorio. Tenía los ojos azules, el cabello castaño y la piel del color del trigo. Su paso era seguro y su mirada decidida.

–Hola, Läurenz. Soy Valeria, pero puedes llamarme Val –le dijo nada más verlo.

Y a continuación añadió, mirándolo fijamente:

–¿Qué hiciste para que te castigaran?

–¿Eh? –dijo Läurenz, que estaba absorto contemplando los ojos de la chica y no supo qué responder.

–Que por qué te mandaron aquí.

–Digamos que estaba en el lugar equivocado en el momento menos conveniente –dijo finalmente Läurenz.

–Ya... –respondió ella–. Digamos que en el patio a las siete de la mañana.

Läurenz se quedó pensando. ¿Cómo sabía ella su nombre? ¿Y cómo podía saber lo de aquella mañana?

–¿Y tú? –preguntó él–. ¿Por qué te castigaron a ti?

–Pues también por hablar con los vampiros –contestó Val.

Justo en ese momento sonó el timbre que anunciaba el final del recreo. Valeria salió corriendo del laboratorio y se perdió entre la marea de estudiantes que se dirigían a sus clases.

El resto de la mañana pasó lentamente. Läurenz no podía quitarse de la cabeza la imagen de Val... Además, ¿qué habría querido decir ella con lo de «los vampiros»? Era cierto que la piel de aquellos chicos del patio era muy pálida y que vestían de negro, pero... ¡los vampiros no existen! Seguramente sería algún mote que les habían puesto.

«Tengo que concentrarme un poco más en las clases y dejar de pensar en tonterías», se dijo Läurenz. Y se dispuso a atender al profesor Pichel, que daba ahora su clase de Química.

Por fin, el timbre volvió a sonar, llenando con su agudo sonido las clases y los corredores de Halifax. Había un tiempo de descanso antes de la hora de la comida y Läurenz decidió dirigirse al comedor para ver qué menú tenían aquel día.

Junto al comedor estaba la cocina. La puerta estaba entreabierta y Läurenz se asomó.

–Pasa, chico, si quieres puedes ayudarnos –le dijo una mujer que vestía gorro de cocinera.

–¡Hola, *marítimo*! –lo saludó un hombre que llevaba un gran delantal y que también cubría su cabeza con un gorro de cocinero.

La cocina era mucho más de lo que Läurenz podía imaginar. El señor y la señora Dupuis, los cocineros, eran verdaderos artistas de la gastronomía… y de la danza.

–Hoy prepararemos judías, champiñones y «niño envuelto», que es un delicioso postre mexicano –anunció el señor Dupuis.

–¡Ya que estás aquí, pon tú la música! –le dijo la señora Dupuis a Läurenz, señalando el tocadiscos.

Läu puso un disco de música mexicana que le entregó el señor Dupuis y los sones de una ranchera invadieron la cocina.

Cuando la música empezó a sonar, los dos cocineros comenzaron a bailar al tiempo que preparaban la comida. Aquello era un verdadero espectáculo. Las judías, los huevos y los champiñones volaban por los aires, y alguno de los dos los atrapaba y los pelaba, los batía o los cortaba antes de que finalmente cayeran a la olla.

En menos que canta un gallo, la comida estaba lista. Y eso que en Halifax había más de cuatrocientos alumnos.

–¡Bravo! –exclamó Läurenz cuando terminaron.

El chico había asistido sorprendido a la representación y aplaudía con entusiasmo, como si estuviese en el teatro.

–Gracias –respondió la señora Dupuis–. Pero que sepas que ahora nos vas a ayudar: tú lo limpiarás todo.

–Sin problemas –dijo Läu, que imaginó que tal vez un día él podría cocinar tan bien como aquella sorprendente pareja.

Cuando acabó de fregar, Läurenz fijó la vista en la pared de la ventana, donde estaban colocados los tarros de las especias y otros condimentos. Entonces una pregunta se le vino a la cabeza.

–¡No! –dijo el señor Dupuis, como si le estuviera leyendo la mente–. En esta cocina no hay ajo.

Läurenz se mostró sorprendido. ¡Él aún no había preguntado nada!

–Digamos –añadió Dupuis, cordialmente– que algunos alumnos son alérgicos.

Y cuando dijo la palabra «alérgicos» hizo una extraña mueca con la boca.

La tarde pasó rápidamente. Con la llegada de la noche, Läu sintió el cansancio acumulado de aquel día de castigos, descubrimientos y emociones. Se acostó temprano y durmió profundamente hasta la madrugada. Con los primeros rayos de sol tuvo un sueño: un pájaro chocaba contra su ventana. ¿O tal vez era un murciélago?

Actividades

1. Relaciona y escribe en tu cuaderno.

Protagonista	Valeria
Director de Halifax	Läurenz
Profesor de Química	Soult
Compañera	Pichel
Cocinero	Sr. Dupuis

2. A Läu le llaman «marítimo».

¿Quién le llama así?

¿Por qué le llaman así?

3. Läu encuentra algunas cosas muy extrañas en Halifax. Copia solo las que sean ciertas.

- Los habitantes de Granciudad cambian el orden de las palabras cuando se enfadan.
- Todos tienen los colmillos relucientes y puntiagudos.
- Läurenz recibió un castigo que consistía en preparar la comida.

¿Cómo te llamas?

Estela...

Fue capricho de la abuela
algo tan disparatado,
pues su padre es Juan Dodel
y su madre, Luz Cuadrado;
fue capricho de la abuela
–doña Adela Colorado–
llamar a la nieta Estela...
*¡*ESTELA DODEL CUADRADO*!*

Mar Pavón

Conchi

¿Llamar Conchi a Concepción?
¡Ni por equivocación!

¿Conchi, sin más, como suena?
¡Pues la habrías hecho buena!

Mejor, opta por Conchita
y, seguro, no se irrita.

Pero con Conchi, ¡ojo, tú!,
que esa es palabra tabú

para quien sufre el bochorno
de ser CONCHI NILLO ALORNO.

Mar Pavón

No es lo mismo

No es lo mismo...

... el señor Ruiz, que un ruiseñor.
... la mar de gente, que la gente del mar.
... un camaleón, que un león en la cama.
... la gente menuda, que ¡menuda gente!
... reírse en el baño, que bañarse en el río.
... pásame la pinza, que písame la panza.
... entre paréntesis, que entre seis parientes.
... mi tía, la cacatúa, que la cacatúa de mi tía.
... una noche estrellada, que estrellarse en una noche.
... vivir en la calle de en medio, que vivir en medio de la calle.

Actividades

1. ¿Qué tienen en común los dos primeros poemas? Explica.

2. Juega con los nombres y los apellidos para hacer un juego similar al de *Estela*. Combínalos para obtener resultados divertidos:

Armando	Ramos	Segura
Domingo	Guerra	de Barriga
Dolores	Fuertes	de Fiesta
Margarita	Díaz	de Flores

Domingo → Díaz → de Fiesta

3. Relee el poema *No es lo mismo* y completa la serie.

Señor Ruiz → ruiseñor

la mar de gente → ...

Mujeres y hombres de ciencia

Marie Curie

Marie era una niña muy inteligente a la que le encantaba leer y estudiar. Como en su país, Polonia, las mujeres no podían ir a la universidad, Marie se marchó a estudiar Física y Química a la Universidad de París.

En París, Marie estaba siempre estudiando. Tenía muy poco dinero y casi todo lo gastaba en libros. Para ahorrar, apenas encendía el calentador y pasaba mucho frío. Además, tampoco comía bien. Durante semanas se alimentaba solo de té y pan con mantequilla. Por eso se puso enferma.

Marie se casó con un investigador llamado Pierre Curie y tuvo varias hijas. Junto a su marido, continuó dedicándose a la investigación científica. Un feliz día, después de duros meses de trabajo, descubrieron el radio, un elemento químico que emite una poderosa energía llamada radiactividad. Este hallazgo fue importantísimo para la ciencia, ya que el radio podía utilizarse en el tratamiento contra el cáncer.

El matrimonio Curie hizo público su descubrimiento para que el mundo entero pudiera beneficiarse de él. Pierre y Marie obtuvieron en 1903 el Premio Nobel de Física, el premio más destacado que puede obtener un científico. Años después, cuando su marido ya había muerto, a Marie le fue otorgado también el Premio Nobel de Química.

M

- **microscopio:** aparato utilizado para ver cosas muy pequeñas, que la vista no percibe.

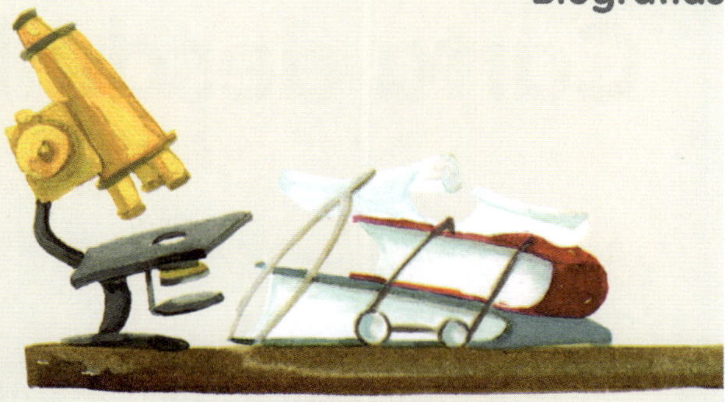

Ramón y Cajal

Santiago Ramón y Cajal ha sido uno de los grandes científicos de la Medicina. Nació en el año 1852, en un pequeño pueblo de Navarra llamado Petilla de Aragón.

Desde muy pequeño, Santiago fue un niño curioso, inquieto y activo, que se interesaba por todo: le gustaba dibujar, escribir, investigar…

Su padre era médico y le transmitió el amor por la medicina. Muy joven, Santiago se marchó a Zaragoza dispuesto a seguir sus pasos. Cuando terminó sus estudios, se hizo soldado del ejército español y se marchó a Cuba. Allí trabajó como médico en un hospital, donde atendía a los soldados enfermos. Su trabajo era agotador. Santiago terminó por enfermar y tuvo que volver a España.

Con veintitrés años se compró su primer **microscopio** y comenzó a investigar. Ramón y Cajal descubrió las neuronas y el funcionamiento del sistema nervioso. Gracias a este descubrimiento, fundamental para la medicina, en 1906 le fue concedido el Premio Nobel de Medicina.

Ramón y Cajal murió en Madrid, a los ochenta y dos años de edad.

Carmen Gil

Actividades

1. ¿Qué corresponde a cada personaje? Copia el cuadro y escribe donde corresponda.

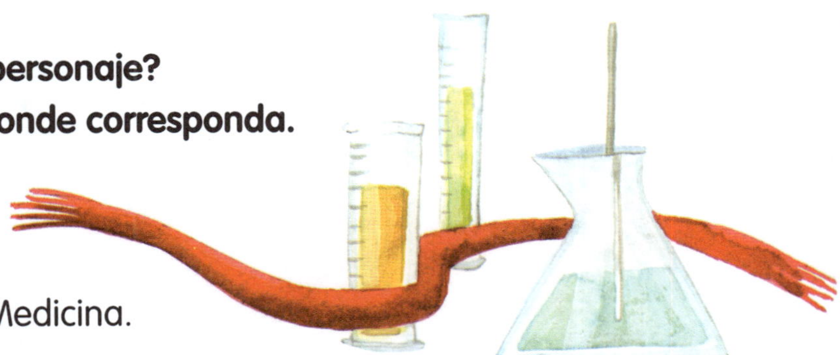

Estudió en Zaragoza.

Estudió en París.

Obtuvo el Premio Nobel de Medicina.

Obtuvo el Premio Nobel de Química.

Sus investigaciones se centraron en el funcionamiento del sistema nervioso.

Sus investigaciones se centraron en elementos químicos.

Marie Curie	Ramón y Cajal
……	……

Carta desde la Tierra

La Tierra, a 22 de febrero de 2008

Querido XP-321:

Te mando esta carta por correo intergaláctico, desde un rincón interesante y divertido del planeta Tierra.

Desde que aterricé en este planeta, hace ya unas cuantas lunas, he vivido situaciones asombrosas. He de decirte que los terrícolas son seres muy extraños y a veces resulta difícil entenderlos.

El otro día, por ejemplo, vi cómo un montón de terrícolas entraban en un recinto enorme, y decidí seguirlos. Una vez dentro, se sentaron en unos grandes escalones alrededor de un césped muy verde. Yo hice lo mismo. De pronto, un puñado de humanos, todos vestidos iguales, salió al centro del césped. Llevaban camisetas de un solo color y pantalón corto. ¡Con el frío que hacía! Con decirte que yo llevaba abrigo, bufanda y gorro… Pasados unos segundos, otro grupo de terrícolas ocupó también el césped. Estos llevaban camisetas de rayas y… ¡también pantalón corto! ¡Qué frío! Se me ponen los pelos marcianos de punta solo de recordarlo. Un señor vestido de negro lanzó una especie de bola muy grande allí en medio y los humanos se pusieron como locos a perseguirla y a darle patadas. El de negro pitaba de vez en cuando y los de las camisetas discutían con él.

Y lo más sorprendente es que, en los escalones, todos aplaudían, se ponían de pie y, de vez en cuando, gritaban palabras incomprensibles.

• **compungida:** triste, apenada.

¡Sin duda, estos terrícolas están locos!

Después de meter la bola varias veces entre unos palos y una red que había en cada extremo del césped, el señor de negro pitó y los humanos dejaron de correr y se marcharon.

Por alguna extraña razón, la mitad de los terrícolas de los escalones salió de allí sonriendo y alegre. La otra mitad, sin embargo, estaba muy **compungida**, como si lo que acababa de ocurrir fuera la catástrofe más catastrófica de todas las catástrofes. Algunos hasta lloraban. Dime, XP-321, ¿tú puedes entender algo? Yo, desde luego, no.

En fin, amigo del alma, espero que esta carta llegue pronto a tus manos. Aunque últimamente las naves del correo intergaláctico, en lugar de ir a la velocidad del sonido, lo hacen a la de las tortugas terrícolas. Unos animales muy peculiares, por cierto. Ya te hablaré de ellos en mi próxima carta.

Deseándote lo mejor, se despide de ti con mucho cariño, tu amigo,

ZW-683

Carmen Gil

Actividades

1. Escoge la respuesta adecuada en cada caso.

- ¿Quién escribe esta carta y a quién la dirige?
  - ☐ Un robot a un marciano.
  - ☐ Un marciano a otro extraterrestre.
  - ☐ Un terrícola a un robot de otro planeta.
- ¿Por qué medio se envía esta carta?
  - ☐ Por correo electrónico.
  - ☐ Por fax.
  - ☐ Por correo intergaláctico.

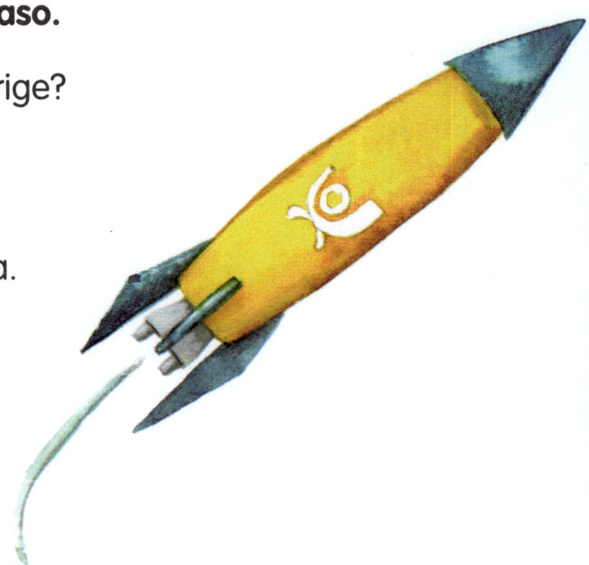

2. Redacta una carta similar. Esta vez, el marciano le cuenta a su amigo un embotellamiento en una autopista.

CAPÍTULO 2

Escuela de vampiros

A la mañana siguiente, Läu volvió a despertarse muy temprano, pero esta vez decidió quedarse en su habitación, porque no tenía ganas de que el director lo volviese a encontrar en el patio. A las ocho bajó al comedor para desayunar. Sonaba una música tranquila que procedía de la cocina, y los alumnos, aún medio dormidos, agradecían aquella relajante melodía.

Cuando Läu terminó su desayuno, decidió ir a saludar a los cocineros antes de empezar las clases.

–¿Qué tal descansaste? –le preguntó la señora Dupuis que, como siempre, estaba de muy buen humor.

–Muy bien, gracias –respondió el muchacho.

A continuación, Läu observó sorprendido que en el fregadero había una enorme montaña de platos para fregar.

–Son los platos de los alumnos del nocturno –le dijo el señor Dupuis, como si estuviese leyéndole la mente de nuevo.

–Qué extraño –comentó Läu–, no sabía que hubiera clases durante la noche.

En ese momento, por la megafonía sonó la potente voz del director:

–¡Läurenz Läurentidis! ¡Preséntese en el despacho de dirección!

Läu subió las escaleras hasta el piso principal, atravesó los corredores que comunicaban la zona de los alumnos con la de los profesores y llamó a la puerta del despacho antes de entrar. El director Soult desayunaba en su enorme escritorio de madera. Llevaba un elegante traje gris y se había colocado una servilleta de colores a modo de babero.

–Ah, es usted –dijo al ver a Läurenz, escondiendo rápidamente la servilleta–. Tiene una llamada telefónica urgente.

Läu cogió el auricular del teléfono, que estaba sobre la mesa del director.

–Sí, ¿quién es? –respondió.

Era Alís, su hermana mayor.

–Läu, ¿estás bien? Esta noche he soñado contigo. Soñé que te pasaba algo grave con un espejo. ¿Todo va bien por ahí?

Alís siempre había creído que sus sueños podían convertirse en realidad, y acostumbraba a avisar a la gente cuando había soñado que iba a ocurrirles algo o que estaban en peligro.

–Todo va bien, Alís, no te preocupes. Pero tendré cuidado con los espejos.

La campana que indicaba el comienzo de las clases sonó y Läu tuvo que interrumpir la conversación. Rápidamente bajó al patio central, donde sus compañeros formaban filas para dirigirse a sus aulas.

Por la tarde, cuando terminó de estudiar, Läu fue a dar un paseo por el patio, cerca del campo de hockey. Tenía la intención de buscar a los chicos del día anterior, pues no había vuelto a verlos desde aquel encuentro. Al principio creyó verlos sentados en un banco, pero al acercarse se dio cuenta de que no eran ellos, y decidió continuar su paseo.

–¡Eh tú, *marítimo*, no vayas por ahí! –gritó uno de los chicos que estaban sentados en el banco.

Läu no respondió. ¿Por qué lo llamaban así? Su nombre no era *marítimo* y no le gustaba que se dirigieran a él de aquella manera.

–¿Es que no nos oyes? –dijo otro.

Los chicos se habían puesto de pie y caminaban detrás de él.

–¿Qué pasa? –dijo finalmente Läu, con cara de pocos amigos.– ¡Y que sepáis que mi nombre es Läurenz!

El sol comenzaba a ocultarse tras el enorme edificio de Halifax, y las sombras se iban adueñando del campo de hockey.

–Yo que tú no pasaría por ahí –le dijo uno de los chicos, cuando Läurenz se acercaba a una de las porterías del campo.

–¿Y por qué no?

–Porque esa portería está maldita –repuso el otro, con gesto serio.

«¿Ah, sí? Pues perfecto. Era lo único que faltaba en este sitio tan extraño», pensó Läu. Y apartando la mirada de los chicos, se dirigió hacia la vieja y oxidada portería de hockey, que tenía la red hecha jirones.

En ese momento, comenzó a ocurrir algo extraño. Unos nubarrones negros cegaron los últimos rayos de sol y los pájaros desviaron su vuelo.

Cuando Läurenz pisó la línea de cal que marcaba el límite de la portería, un enorme relámpago iluminó el lugar. Läu se detuvo y miró a los chicos, que lo esperaban al borde del área, expectantes y nerviosos.

«Vaya, tal vez será mejor respetar las costumbres locales», se dijo Läurenz, sorprendido por lo que acababa de ocurrir.

A continuación, con voz segura, preguntó:

–¿Qué ha sucedido? ¿Qué pasa con la portería de hockey?

–Es una larga historia… Hace muchos años que «ni mujer ni varón, ni pelota ni balón» atraviesan esa portería –respondió uno de ellos.

–Al parecer hay un antiguo espíritu que se pasea durante la noche por el campo de hockey… –añadió el otro.

Se había desatado una intensa lluvia y se estaban empapando, por lo que decidieron dejar la conversación para otro momento y corrieron hacia la Residencia.

Läurenz se cambió de ropa y bajó a cenar. De vuelta a su habitación, tuvo el presentimiento de que aquella noche tardaría en dormirse. En Halifax no dejaban de ocurrir cosas inexplicables. Además, añoraba el calor de su casa, las historias de su abuelo, a su perro Turín…

Fuera, la tormenta había cesado y silbaba el viento. Läu sintió un par de golpes en la ventana, como si alguien estuviese tirando piedras. Se asomó y vio dos figuras vestidas de negro que le hacían señas desde el patio. ¡Eran los chicos del día anterior!

–¡Hola, *marítimo*! ¿Qué tal la lluvia? –le preguntó uno de ellos–. Silván y yo hemos pensado que tal vez te gustaría venir a tomarte un chocolate con nosotros.

–Es algo tarde… ¿no? –respondió Läurenz.

–Si es tempranísimo… –dijo el tal Silván, sonriendo–. A la una tenemos el recreo. ¡Nos vemos en la fuente del patio!

–No sé si iré… Creo que me voy a ir a la cama –contestó Läu.

–¡No seas aguafiestas! Nos gustaría que nos hablases de las Provincias Marítimas –exclamó Silván.

–En otra ocasión… –dijo Läu, que no quería ganarse otro castigo.

Entonces, Silván pronunció unas palabras casi mágicas, que surtieron efecto en Läurenz.

–También estará Val, y nos ha preguntado por ti.

A la una en punto de la madrugada, Läu salió por la ventana de su cuarto y, descolgándose por las ramas de un cedro, consiguió bajar al patio sin ser visto. Silván y Serguei ya estaban en la fuente, esperándolo con un vaso de chocolate caliente. Val, en cambio, no aparecía por ninguna parte.

Los tres chicos empezaron a charlar, y entonces Läurenz lo supo: la Residencia Halifax era, durante la noche, una escuela de vampiros. Silván y Serguei trataban de explicárselo.

–¿Va… vam… piros? ¿Sois vampiros?

–Sí, pero somos vegetarianos. No te preocupes, que no te vamos a morder.

–No sabía que existiesen vampiros…, vampiros de verdad –dijo Läu, temblando como un flan.

–¡Tranquilo! Hace muchos siglos que no bebemos sangre. El zumo de tomate y la zanahoria nos hacen el mismo efecto –respondió Serguei intentando tranquilizarlo.

–¿Y el ajo?

–¡Ah! ¡El ajo no podemos verlo ni en pintura! –exclamó Silván.

Los dos vampiros empezaron a hacerle preguntas sobre la vida en las Provincias Marítimas. Läu les habló de su pueblo, del mar, de su familia… La conversación era muy animada hasta que, de repente, entre las sombras escucharon unos pasos.

–¡Rápido! ¡Id a esconderos al baño! –dijo Silván–. Debe ser uno de los guardianes y Läurenz no debería estar aquí. Yo trataré de entretenerlo…

Detrás de la fuente, en una esquina del patio, había una puerta discretamente situada. Serguei apoyó la mano y la puerta se abrió automáticamente.

–No había visto esta puerta antes –dijo Läu.

–Normal… Es el baño de los vampiros. Solo podemos abrirlo nosotros, y únicamente por la noche –respondió Serguei.

Un enorme y reluciente espejo ocupaba una pared del baño. Brillaba como la plata y el marco estaba decorado con diseños que formaban laberintos.

–¡Es un verdadero espejo de Trasmirás! El único tipo de espejo en el que los vampiros podemos vernos –dijo Serguei–. ¿A que nunca habías visto nada parecido?

–¡Es precioso! –comentó Läu.

–¡Y carísimo! –respondió Serguei.

En ese momento sintieron pasos que se acercaban y se escondieron detrás de una puerta, aguantando la respiración.

Luego, todo sucedió muy rápido. Alguien entró en el baño, se oyó un estruendo de cristales rotos y, pasados unos minutos, el desconocido volvió a salir y cerró la puerta a sus espaldas.

Serguei y Läu salieron de su escondite y se quedaron petrificados: el espejo de Trasmirás reposaba, roto en mil pedazos, en el suelo del cuarto de baño.

–¡Ajos en aceite! –exclamó Serguei–. ¡El espejo de Trasmirás! ¡Alguien acaba de romperlo! ¡Tenemos que largarnos de aquí!

Cuando se dirigían a la puerta, escucharon nuevamente unos pasos rápidos y sonoros que se aproximaban. Alguien más se acercaba al baño de los vampiros. Los chicos se quedaron paralizados.

Actividades

1. Contesta.

- ¿Quién es Alís? ¿Por qué llama por teléfono a Läu?
- ¿Qué sucede cuando Läu se acerca a la portería de hockey?
- ¿Qué le cuentan Silván y Serguei a Läu?

2. Detrás de la fuente había una puerta secreta que Serguei abre para esconder a Läu. ¿Qué puerta es?

❒ ¿Qué encuentran en la estancia al abrir la puerta? Descríbelo.

Las industrias de la luna

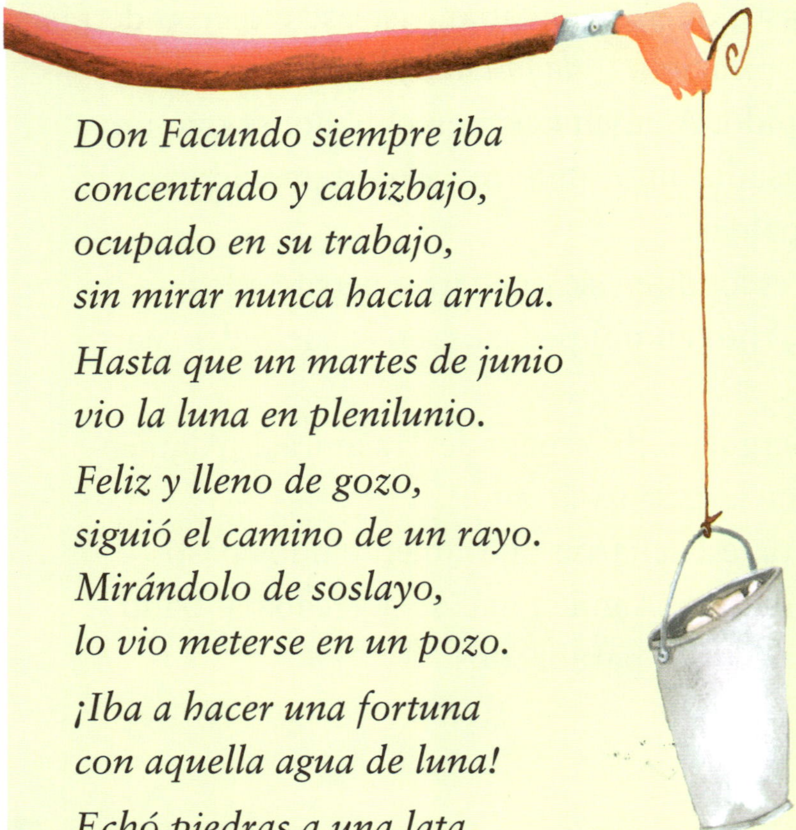

Don Facundo siempre iba
concentrado y cabizbajo,
ocupado en su trabajo,
sin mirar nunca hacia arriba.

Hasta que un martes de junio
vio la luna en plenilunio.

Feliz y lleno de gozo,
siguió el camino de un rayo.
Mirándolo de soslayo,
lo vio meterse en un pozo.

¡Iba a hacer una fortuna
con aquella agua de luna!

Echó piedras a una lata
y, apoyado en el brocal,
las bajó con un sedal.
¡Al subir eran de plata!

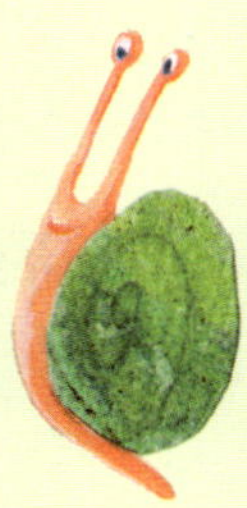

¡Cuánto trajín por las noches
hacer colgantes y broches!

Y la industria..., viento en popa:
todos querían llevar
broches de plata lunar
prendiditos de la ropa.

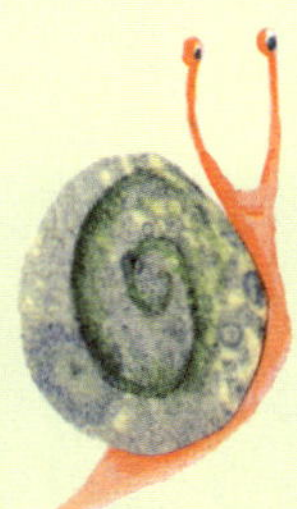

Aquella industria de luna
iba mejor que ninguna.

Trabajaba sin reposo
desde la puesta de sol.
Un atento caracol
lo miraba quejicoso:

«Don Facundo, para un poco,
que te estás volviendo loco».

Fabricó en semana y pico
miles de alhajas de plata.
La luna estaba más flaca;
pero él, cada vez más rico.

Sin descansar noche alguna,
iba menguando la luna.

Una noche, distraído,
buscó la luna en el cielo
y solo vio un negro velo,
pues la luna se había ido.

«¿Cómo has podido, Facundo,
dejar sin su luna al mundo?

Asomada a su azotea,
es musa de los poetas,
ilumina plazoletas,
sube y baja las mareas...

Y no existe enamorado
al que no deje prendado.»

Y Facundo, de repente,
pensó que ser negociante
era una cosa importante,
pero más lo era la gente.

«¡Eh!, caracol del verano,
¿me vas a echar una mano?»

El caracol, conmovido,
fue por sendas y senderos
llamando a sus compañeros
y contando lo ocurrido.

«¡Qué trabajo tan pesado
desenredar lo enredado!»

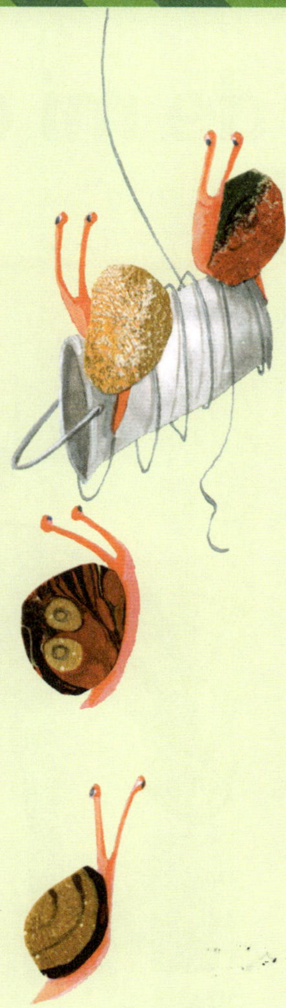

Caracol por caracol,
dieron vueltas a una lata
dejando hilitos de plata
hasta la puesta de sol.

Facundo, con alborozo,
devolvió la plata al pozo.

Fue muy dura la faena,
pero, con el alma en vilo,
devolviendo hilo por hilo
lograron la luna llena.

Facundo estaba contento
de verla en el firmamento.

«Disfrutaré con placer
de la vida y la belleza,
pues no hace falta riqueza
sino tiempo que perder.

Y este caracol con calma
será mi amigo del alma.»

Pero el tiempo iba pasando
y la lunita redonda,
oronda, monda y lironda
iba menguando y menguando.

¿Habría otro don Facundo
en algún lugar del mundo?

Carmen Gil

Actividades

1. Contesta.

- ¿ Por qué causa creía Facundo que la luna había desaparecido del cielo?
- ¿Qué hizo Facundo cuando la luna desapareció?

2. El caracol le dice a Facundo: «La luna es musa de los poetas». ¿Qué quiere decir esta expresión?

☐ Que los poetas escriben de noche.

☐ Que la luna inspira a los poetas para escribir.

3. Escoge la opción que te parece que resume el sentido de esta poesía y justifica tu elección.

- Es una poesía narrativa que nos cuenta la historia de don Facundo y un caracol del que se hizo amigo.
- En esta poesía, se nos cuenta de una manera poética los cambios que sufre la luna en sus distintas fases.

La furgoneta de mi abuelo

La furgoneta de mi abuelo está aparcada en la calle. Puedo verla desde mi ventana. Es blanca, con una raya ancha verde y azul que le da la vuelta desde un faro a otro. La furgoneta parece que tiene tantos años como mi abuelo. Él la llama Matusalén.

–Hijo, mira a ver si está Matusalén aparcada en su sitio –me decía mi abuelo muchas veces.

Mi abuelo se llama Luis, Luis Vargas, pero todos le llaman «el Rubio» porque tiene el pelo del color del trigo y los ojos grises. Es gitano, aunque nadie lo diría. Mi abuela decía que no había nadie más guapo ni más rubio que él. Pero mi abuela murió hace ya cinco años. Y mi abuelo vive desde entonces con nosotros. Él se siente orgulloso de ser gitano.

–¿Qué otra cosa se puede ser? ¿Alemán, egipcio, inglés, chino? Bueno, pues ser gitano es ser un poco de todo: único. Es como ser griego antiguo.

Mi abuelo Luis tuvo cinco hijas y cinco hijos. Primero, las cinco mujeres seguidas: Carmela, Pura, Esperanza, Lola y Pepa.

–Y luego, cuando creía que no iba a tener un solo varón –contaba él–, ¡zas!, los cinco: Miguel, Rafael, Manuel, Gabriel y Jesús.

Antes de empezar a perder la memoria, mi abuelo se sabía perfectamente los nombres de sus diez hijos y veinticuatro nietos: Lorena, Yosua, Yónatan, Yackson, Yenni, Yoni... y Ángel, que soy yo, el más pequeño. Pero un día empezó a cambiarles el nombre a algunos de mis primos. Al principio, nadie le dio importancia.

–*Yayo*, ¿cómo me llamo? –le preguntaba mi primo Yackson.

Él se quedaba pensando, lo miraba a los ojos y decía muy convencido:

–¡Yosua!

–Abuelo, que soy Yackson.

–Pues claro, Yackson, ¿no te lo he dicho?

Antes de perder la memoria, mi abuelo Luis era vendedor ambulante. Con su furgoneta recorría los pueblos los días de mercadillo. Los lunes iba a Collazo; los martes a Lomilla Baja...; los sábados a Torrezuela y los domingos a Cercadero. Hasta que murió, lo acompañaba mi abuela.

Hace ya un par de años que yo empecé a acompañarlo los fines de semana. A mi madre no le hacía mucha gracia, pero a mí me gustaba.

–¡Ten *cuidao* con el crío, *papa*! –le advertía mi madre–, que es más malo que un dolor de muelas. Y tú, Ángel, ya sabes lo que te tengo dicho: el cinturón de seguridad no te lo quites ni un momento.

Mi abuelo movía la cabeza de un lado a otro, la miraba con sus ojos grises y sonreía.

Los sábados salíamos más temprano, porque Torrezuela estaba más lejos. Al ir para allá, parábamos en la venta de Tito. Él pedía un café bien cargado y una tostada de pan de pueblo con aceite. Y para mí, un vaso de leche con cacao y otra tostada. Cuando volvíamos a la furgoneta, ponía algún casete de flamenco y seguíamos el camino. Él canturreaba al compás y repiqueteaba con los dedos el volante, siguiendo el ritmo del cante. A mí me cansaba aquella música.

–¿*Yayo*, no tienes un casete que no sea de flamenco? –le pregunté un día.

–Hijo, el flamenco es *pa* los gitanos lo que la ópera *pa* los payos.

Yo no entendía el flamenco, aunque en mi familia, cuando nos reuníamos para celebrar algo, unos tocaban la guitarra, otros bailaban y casi todos cantaban. Tampoco entendía la ópera. Y me preguntaba: «¿qué soy yo? Si no me gusta el flamenco no soy gitano, y si ni siquiera entiendo la ópera, tampoco soy payo». Pero pronto me olvidaba de aquello y me ponía a mirar lo rápido que pasaban los árboles que bordeaban la carretera.

Cuando llegábamos a Torrezuela, el abuelo procuraba coger siempre el mismo sitio para su tenderete. Y en el centro, sobre una pila de cajas de camisones de señora, colocaba un retrato de mi abuela. Una vez instalado el puesto, él empezaba a pregonar.

–¡María, camisas de dormir, medias de espuma, calcetines *pa* tu *marío*! ¡Camisetas *p'al* niño y la niña! ¡No hay *na* más barato en el mercadillo que lo que tiene «el Rubio»! –voceaba hasta casi quedarse ronco.

Y cuando a él le fallaba la voz, yo gritaba:

–¡Aquí está «el Rubio»!

Él me miraba con sus ojos grises y se sentía feliz de tenerme a su lado. De regreso a casa, siempre me decía lo mismo:

–El día que yo ya no pueda, esta furgoneta será tuya y tú ocuparás mi lugar en los mercadillos.

A mí lo que me gustaba era estar con mi abuelo, pero yo no quería ser vendedor ambulante.

–*Yayo*, yo quiero ser futbolista –le decía muchas veces.

Y él murmuraba:

–Futbolista, futbolista…

Mi abuelo no perdió la memoria así, de pronto. Todo empezó a agravarse un domingo, cuando íbamos a Cercadero. Era muy temprano. Yo me sabía el camino de memoria, las curvas que había, los árboles… Y aquel día no era igual. Me quedé sorprendido y le dije:

–*Yayo*, por aquí no se va a Cercadero.

–Claro, como que vamos a Collazo.

–Yo no voy nunca contigo a Collazo, porque vas los lunes.

–¿Cómo dices? Dame ese cartón..., ese que está en el salpicadero.

Allí tenía apuntados a lápiz los días de la semana y los pueblos a los que iba. Nunca antes había visto yo el trozo de cartón. Dimos la vuelta y aquel domingo ya no pusimos el puesto en el mercadillo de Cercadero.

En unos meses, la memoria de mi abuelo se agravó y mis tíos decidieron que no saliera más a la carretera. Desde entonces, su furgoneta está aparcada en la calle. Puedo verla desde mi ventana. Blanca, con una banda ancha verde y azul que va de faro a faro, tan vieja como él. Mi abuelo a veces se asoma, la mira, parece que la reconoce. Yo he visto a veces lágrimas en sus ojos grises.

Cuando salgo del colegio siempre juego con él un rato, le ayudo a hacer puzles para niños pequeños, a repetir los nombres de sus cinco hijas y sus cinco hijos. Ya ha olvidado el nombre de sus veinticuatro nietos; el mío también. Aunque a veces creo que me reconoce porque me llama «futbolista».

Manuel Jurado

Actividades

1. Inventa otro título para el relato.

2. Copia y completa.

El cuento está escrito en ______ persona gramatical.
El narrador es ______, que cuenta cómo progresivamente su ______ va perdiendo la ______

3. Relee el último párrafo del relato y contesta.

- ¿Qué hace el niño con su abuelo? ¿Por qué lo hace?
- ¿Sabes cómo se llama la enfermedad que sufre el abuelo?

Sarampión	Alzhéimer	Gripe

CAPÍTULO 3

El fantasma del campo de hockey

Aquella había sido una noche terrible para Läu, la peor de toda su vida. El director Soult lo había encontrado en el baño de los vampiros, lo cual era una falta muy grave, y además lo había acusado de ser el responsable de la rotura del espejo de Trasmirás, lo cual era aún peor.

Soult había entrado repentinamente en el baño y, después de mandar callar a Serguei, se había puesto a gritar encolerizado:

–*¡Eureka! El culpable he aquí... ¡En Halifax sus días pronto, señor Läurentidis, a acabar van!*

Läurenz no había conseguido dormir, pensando en cómo resolver aquella situación. Él era inocente, pero ¿cómo podía demostrarlo?

Al día siguiente se levantó sin ganas de hablar con nadie. Asistió a las clases de la mañana sin conseguir concentrarse ni un momento. Antes de comer se acercó de nuevo a la cocina. Los Dupuis, al verlo, hicieron sonar una triste melodía, pero no le preguntaron nada respecto al asunto de la rotura del espejo.

El director Soult lo había citado en su despacho después de la comida. Durante la entrevista le informó que iba a hablar con sus padres para comunicarles que sería expulsado de Halifax, pues había cometido una falta muy grave. Läu intentó defenderse, explicar que él no había roto el espejo, pero el director se negó a escucharlo.

❖ ❖ ❖

Läurenz salió del despacho y se dirigió en silencio a su habitación. Recogió sus libros y se encaminó a las que tal vez serían sus últimas clases en Halifax. Al recorrer los pasillos sintió que todos lo miraban, como si hubiese hecho algo terrible.

De repente, tras una esquina, apareció Val, la chica de los ojos azules.

–Läu... no fuiste tú, ¿verdad? –le preguntó.

–Claro que no –respondió él.

–¿Sabes lo valioso que es un espejo de Trasmirás?

–No sé. Supongo que será un espejo muy caro.

–Más que eso. Es un artefacto muy peligroso en las manos equivocadas...

En ese momento Val se quedó callada. Desde el fondo del pasillo, el director Soult los observaba con la más fría de las miradas. La chica bajó la voz y continuó, con una expresión muy seria.

–Ahora tengo que irme. Nos vemos a medianoche, en el campo de hockey, ¿vale?

–¿En el campo maldito? –preguntó Läu.

–No me dirás que crees en esas tonterías –contestó Val antes de irse.

Y mientras la veía desaparecer una vez más entre los alumnos de Halifax, Läu se dijo a sí mismo, en voz baja:

–A estas alturas ya no sé en qué creer.

Era extraño, pero aquella tarde pasó rápidamente. Después de las clases de Historia y de Química, en la que el profesor Pichel había estado especialmente triste, el muchacho salió a dar un paseo por los alrededores del colegio. Quería despedirse de aquel lugar antes de marcharse.

Läurenz recreó la vista en el edificio enorme e imponente, cuyas ventanas adquirían el color del oro bajo los últimos rayos del sol; observó la fuente del patio central, con su sirena y sus peces que echaban agua por la boca… y se acercó al sitio donde estaba el baño de los vampiros. Pero allí no había nada más que un muro de piedra. Pasó la mano por donde lo había hecho Serguei, pero ninguna puerta se abrió.

–Eso no es para todo el mundo –dijo una voz que le resultó conocida.

Era el señor Dupuis que, apoyado en una de las columnas de los soportales, le dirigía una amistosa sonrisa.

–Esta escuela es muy extraña, ¿no cree? –le respondió Läu, acercándose a él.

–Demos un paseo y te contaré algunas cosas –propuso el cocinero.

Mientras caminaban juntos hacia el campo de hockey, el señor Dupuis le reveló a Läu una antigua historia, que había sucedido mucho antes de que el Colegio Halifax fuera fundado:

«Hace muchos, muchos años, antes de existir el colegio, en este lugar vivían dos vecinos que siempre andaban discutiendo uno con otro.

Ambos tenían vacas y gallinas, trabajaban la tierra y cosechaban maíz, trigo y patatas en abundancia. Sin embargo, uno de ellos era muy avaricioso y sus cosechas siempre le parecían insuficientes, por lo que quería adueñarse de las tierras de su vecino. Por las noches, el hombre avaricioso se levantaba y, sigilosamente, cambiaba de lugar las piedras que marcaban los límites de las dos propiedades, para ganar algunos metros de campo.

Cada mañana, el otro volvía a colocar las piedras en su sitio, después de llamarle la atención a su codicioso vecino, pero este siempre tenía algo más que decir y acababa arreglándoselas para ganar algunos palmos de terreno.

Los años pasaron y ambos fallecieron, pero el vecino avaricioso pagó en la otra vida todo el mal que había hecho: su alma fue condenada a vagar por estas tierras cada noche, cargando las piedras que había movido cuando estaba vivo y lamentándose por no poder descansar en paz».

Läu estaba sorprendido por la historia que acababa de oír.

–¿Y es él quien se aparece en el campo de hockey? –preguntó.

–Exactamente, porque el límite entre las tierras de ambos vecinos estaba situado en aquella portería. Por eso, nunca ha entrado un balón en ella, y el equipo de hockey de Halifax nunca ha conseguido ganar un partido en este campo. Mañana hay un partido, así que ya lo verás.

Se hizo un largo silencio en el que los dos miraron hacia la vieja y oxidada portería. Läu sintió que podía confiar en aquel hombre y, con la mirada perdida, le dijo:

–Señor Dupuis, ¿sabe usted que me han expulsado del colegio?

–Sí. Y también sé que tú no rompiste el espejo –le respondió.

Y luego, con una voz grave y pausada, añadió:

–Los espejos de Trasmirás son i-rrom-pi-bles.

Una vez más, como pasaba siempre en Halifax, el timbre sonó, poniendo fin a la conversación. Y el señor Dupuis se marchó rápidamente a la cocina para preparar la cena.

Läu no sabía qué pensar. Aquella noche cenó en silencio, apartado del resto de sus compañeros. Val había desaparecido nuevamente y el director Soult paseaba por delante de la puerta de la cocina, como queriendo evitar que alguien entrase allí.

Luego, Läu subió a su habitación para esperar a que diesen las doce. Continuamente miraba las manecillas del reloj. El tiempo parecía no pasar.

Pero por fin llegó la medianoche. Vestido de oscuro, para no llamar mucho la atención, se encaramó de nuevo al viejo cedro, bajó con cuidado, apoyándose en las ramas, y se dirigió al campo de hockey. Allí, se sentó para esperar a Valeria.

Era una noche oscura y hacía mucho viento. Los árboles se mecían con las ráfagas de aire y parecían entonar cánticos en alguna lengua antigua.

De repente, una espesa niebla comenzó a cubrir el terreno de juego. Läu creyó distinguir una voz entre el rumor de los viejos eucaliptos. Era una voz grave y lenta, que parecía repetir una pregunta:

–¿Dóoonde...? ¿Dóoonde...?

–¿Val? ¿Señor Dupuis? ¿Hay alguien ahí? –preguntó Läurenz en voz baja, mientras un escalofrío le recorría el cuerpo.

–¿Dóoonde la pooongo? –dijo aquella voz de ultratumba.

En ese momento, una figura comenzó a materializarse entre la niebla, justo debajo de la vieja portería del campo de hockey. Parecía la silueta de un hombre que caminaba cojeando como si cargase con un gran peso. ¡Era el fantasma de la historia!

–¿Dóoonde la pooongo? –repitió la voz.

Läurenz, que era incapaz de moverse por el miedo, contestó sin pensarlo:

–¡Ponla donde la cogiste!

Inmediatamente, la niebla se disipó y la figura fantasmal se puso a dar saltos de alegría al tiempo que gritaba:

–¡Gracias, muchacho! ¡Gracias! ¡Me has desencantado!

Läurenz estaba estupefacto. Ante él había un anciano delgado, con el pelo largo y blanco. El hombre se dirigía hacia él, mientras le decía:

–¡Hace doscientos años que cargaba con esta piedra como castigo, y tú has sido el único que ha dicho las palabras que me podían desencantar!

–Pu… pues me alegro –respondió Läu, tratando de sonreír.

Luego añadió con tristeza:

–Eso va a ser lo único de provecho que haga en este lugar.

–¡No te preocupes, *marítimo*! ¡Todo tiene solución! –lo consoló el anciano, agarrándolo por los hombros–. Yo sé quién es el verdadero responsable de lo que ha sucedido con el espejo.

–¿Cómo puede saber eso? –exclamó Läu, que iba de sorpresa en sorpresa.

–Ah, muchacho, muchacho…, lo de ser alma en pena también tiene sus ventajas –dijo el anciano, guiñándole un ojo–. Yo lo sé todo sobre Halifax.

Läurenz lo miró con perplejidad. El fantasma continuó hablando:

–Mañana, en el partido de hockey, desenmascararemos al culpable. Y ahora te dejo, que por ahí viene tu amiga Val. ¡Gracias por todo!

Sin más, el anciano desapareció. Läu se encontró entonces solo, en mitad del círculo central del campo de hockey. Val lo observaba desde la portería, que ya no estaba oxidada y lucía una red totalmente nueva.

–Läu, ¿qué haces parado ahí en medio? Vente, ¡que nos van a descubrir!

–No te vas a creer lo que me ha sucedido, Valeria. Vamos a buscar a Serguei y a Silván, y os lo contaré. Creo que tengo buenas noticias.

Actividades

1. Recuerda y completa.

En la Residencia Halifax...

- ☐ los chicos y chicas comparten aula con los vampiros.
- ☐ hay dos turnos: durante el día es una escuela para chicos y durante la noche, una escuela para vampiros.

2. Contesta.

- ¿De qué es acusado Läu? ¿Qué castigo le impone el director de Halifax?

3. Ordena y pon un título a cada dibujo.

4. Completa.

- Esa noche, cuando Läu se sienta en la portería de hockey ______
- El fantasma que aparece entre la niebla es ______

5. Según el fantasma, al día siguiente, durante el partido, se desenmascarará al culpable de la rotura del espejo. Inventa qué pasará.

Charla con Paciencia Infinítez

La señora Paciencia Infinítez, presidenta de la ONUNH (Organización mundial «O Nos Unimos o Nos Hundimos»), está de visita oficial en nuestro país y nos ha recibido, amablemente, en su hotel.

P (periodista): Buenos días, señora Infinítez. ¿Cómo está usted?

I (señora Infinítez): Pues no sé qué decirle... Estar, parece que estoy bien, lo que no sé es dónde. ¡Viajo tanto por el mundo!

P: Está en España.

I: ¡Ah, claro! Por eso hablamos en español.

P: Naturalmente. Pero dígame, ¿por qué va vestida de mecánica?

I: Soy una mujer práctica y ordenada. El mono de mecánica permite llevar en cada bolsillo un sinfín de cosas útiles: agenda, móvil, bolígrafo, ordenador, pañuelo, lápiz de labios... ¡No puedo perder el tiempo!

P: Existen las carteras y los bolsos...

I: Que se olvidan y se pierden. Además, necesito tener las manos libres para aplaudir, saludar, escribir o ayudar al que lo necesita.

P: Señora, háblenos de la organización que preside.

I: Encantada. Es una organización formada por todos los países del mundo. Después de varias guerras mundiales, los políticos hemos comprendido, al fin, que los conflictos solo se resuelven a través del diálogo y el respeto. Tenemos la obligación de trabajar e **invertir** para construir un mundo mejor.

P: ¿Metiendo dinero en el banco?

- **invertir:** emplear el tiempo o el dinero en algo.
- **equitativo:** justo, para todos por igual.

I: ¡Qué va! El futuro de la Tierra son los niños. Hay que invertir en ellos, en su educación y su salud, para que, cuando crezcan, puedan gobernar el mundo. Recientemente hemos creado una ONUNH infantil, donde los niños y niñas debaten los problemas que les afectan y aportan soluciones.

P: ¿Y se les escucha? ¿Se tienen en cuenta sus propuestas?

I: ¡Por supuesto! Gracias a ellos tenemos una ley que prohíbe las imágenes violentas, otra que promueve el reparto mundial y **equitativo** de juguetes y libros, o la ley TQA.

P: ¿La ley TQA?

I: La ley «Todos Queremos Aprender», que garantiza que todos los niños y niñas de este mundo acudan a la escuela.

P: Usted trabaja mucho, ¿verdad?

I: Muchísimo. Piense que la Tierra tiene millones de habitantes y no es fácil ponerlos de acuerdo. En dos semanas he dado tres vueltas al mundo.

P: ¿Y no se cansa?

I: Claro que sí, pero trabajar por los demás me hace muy feliz.

Inmaculada Díaz

Actividades

1. Piensa y responde.

- ¿Crees que esta entrevista es real? ¿Por qué?
- ¿Te gustaría que lo fuera? ¿Por qué?

2. ¿Qué siglas aparecen en el texto? ¿Qué significan?

3. ¿Cómo se llama la presidenta de la ONUNH? Inventa otro nombre para ella.

4. Infinítez dice: «El futuro de la Tierra son los niños. Hay que invertir en ellos».

- ¿Qué significa esta afirmación? ¿Estás de acuerdo con ella? ¿Por qué?

La reina del papagayo

Isabel Clara Eugenia era una niña a la que le gustaba jugar y divertirse como a las demás. Pero ella no era una niña cualquiera. Su padre era Felipe II, un poderoso rey que gobernó en España hace 450 años. Isabel Clara Eugenia, por tanto, era infanta de España, y desde pequeña tuvo que prepararse duramente.

Isabel aprendió a soportar incomodidades, a conversar en varios idiomas y a comportarse de forma exquisita, sin meter nunca la pata. Pero, como tenía muy buen carácter, siempre estaba contenta: bailando, estudiando geometría, aprendiendo a disparar, montando a caballo o leyendo libros en latín. Y todos los que la trataban admiraban lo lista y simpática que era.

Sucedió que su madre, la reina, murió joven y la infanta, que entonces tenía catorce años, tuvo que hacerse cargo de los asuntos de la corte. Al principio se encargaba de organizar la complicada vida del palacio. Era como si Isabel Clara Eugenia dirigiese una orquesta, cuidando de que cada instrumento sonara en el momento adecuado. Y lo hizo tan bien, que su padre la nombró su ayudante.

Durante muchos años, la infanta Isabel fue consejera de Felipe II. Como sabía varios idiomas, traducía las cartas y documentos que llegaban desde lugares remotos.

Pronto Isabel empezó a comprender que ser poderoso también acarreaba problemas. Los más poderosos son los más temidos y los que más enemigos tienen. A su alrededor siempre había traiciones y peligros. Entonces, la joven infanta imaginó un reino ideal donde todos pudieran vivir mejor.

- **súbditos:** los que están bajo la autoridad de un rey o una reina.

A Isabel Clara Eugenia la llamaban «la novia de Europa», porque todos los príncipes europeos querían casarse con ella. La infanta se casó finalmente con Alberto de Austria. Como regalo de bodas, Felipe II les entregó una parte de su reino, los Países Bajos, y allí se fueron a vivir.

La infanta se sentía feliz pensando que ahora podría hacer posible su reino imaginado. Isabel abrió escuelas, protegió a los artistas y mejoró las condiciones de vida de sus **súbditos**. A menudo, salía a la calle disfrazada para poder mezclarse con la gente y conocer sus problemas. Y así supo que a muchos no les gustaba que los gobernase una extranjera.

En aquella época, en los Países Bajos se celebraba todos los años una competición popular de tiro, en la que había que derribar la figura de un papagayo colocada sobre una torre. Solo concursaban los mejores arqueros, porque el blanco era muy difícil de alcanzar. Quien derribaba la figura de un disparo de ballesta, era proclamado «rey del papagayo».

Isabel decidió participar en la competición. Esto causó un gran alboroto y muchos se reían de ella. Pero cuando llegó el día, la infanta armó la ballesta con maestría y dio en el blanco al primer disparo. El público aplaudió entusiasmado. Isabel Clara Eugenia había hecho diana en todos los corazones.

Los arqueros acordaron suspender aquella competición para siempre. Así, la infanta pudo conservar con orgullo, durante toda su vida, el título de «reina del papagayo».

Ana Rossetti

Actividades

1. Este texto es un relato histórico. ¿Por qué?

- Porque nos relata una historia.
- Porque cuenta un relato basado en hechos históricos.
- Porque es una biografía de la infanta Isabel Clara Eugenia.

2. Escribe un breve texto con los datos más importantes de la vida de este personaje histórico.

El gobierno de los ancianos

En muchas tribus del mundo, la vejez es sinónimo de sabiduría y experiencia. Por eso, los jefes que gobiernan estas tribus son siempre las personas de más edad. Es el caso de la tribu de los masai, en África, o de los yekuana, en América del Sur.

Los masai son un pueblo nómada, es decir, que no vive siempre en el mismo sitio. Son pastores que trasladan sus viviendas según las necesidades del ganado, buscando nuevos pastos o agua. Habitan en chozas de barro con techos de ramas. Las casas se disponen en grupo alrededor de los rediles de vacas, ovejas y cabras.

En el pueblo masai, la edad es la que marca los deberes y derechos de cada persona. Los niños son los encargados de vigilar el ganado. A los dieciséis años, los jóvenes se convierten en guerreros. A medida que van cumpliendo años, se les va permitiendo hacer más cosas. El poder, sin embargo, lo tienen los ancianos.

El consejo de ancianos, formado por las personas de más edad, es el que toma todas las decisiones importantes que afectan a la tribu. Todos ellos tienen el mismo poder, sin que haya un jefe que mande sobre los demás.

La vida en la selva

Los ancianos también son venerados en la cultura de los yekuana, en América del Sur. Este pueblo vive en la selva del Amazonas, el río más caudaloso del mundo, y se desplaza por el agua en grandes canoas.

Los yekuana están gobernados por un consejo de ancianos. El jefe suele ser el fundador del poblado y también la persona de más edad. Además, se tiene muy en cuenta la opinión de los sabios y de los especialistas en ritos.

Este pueblo utiliza para cazar la cerbatana, un tubo que, cuando se sopla por un extremo, lanza dardos envenenados. Además, se dedican a la agricultura y a la pesca, y son buenos comerciantes y artesanos.

El reino de las mujeres

En el otro lado del mundo, en Asia, habitan los mosuo. Asentado en China, este pueblo está gobernado solo por mujeres. A diferencia de otras culturas, los hombres no tienen ningún poder. Las madres y las abuelas son las dueñas de las casas y las tierras, las que dictan las leyes, las que controlan el dinero y las que mantienen a la familia.

En la cultura de los mosuo, la opinión de las mujeres mayores es muy importante y todas las decisiones deben tener el visto bueno de las ancianas del poblado.

Irene Genovés

Actividades

1. Copia y completa el cuadro:

	Tribu masai	Tribu yekuana	Tribu mosuo
Dónde viven			
Quién los gobierna			
Algunas costumbres			

❒ ¿Cuál de los tres pueblos te parece más interesante? ¿Por qué?

2. Organizad un debate en clase sobre este tema:

¿La vejez es también sinónimo de sabiduría y experiencia en nuestra sociedad?

CAPÍTULO 4

El secreto de Valeria

–¿Que acabas de desencantar a quién? –preguntó Valeria.

Estupefactos, Serguei y Silván miraban con la boca abierta a Läurenz Läurentidis.

Era la una de la madrugada, y los dos vampiros, Läu y Valeria tomaban un vaso de chocolate escondidos en una terraza del segundo piso. El cielo se había despejado y la luna iluminaba sus figuras con una luz pálida.

Mientras observaba cómo el vapor de su taza se retorcía dibujando formas redondeadas, Läu contestó pausadamente:

–Como lo habéis oído: he desencantado al espíritu del campo de hockey. Y me ha asegurado que mañana, durante el partido, resolverá el misterio del espejo de Trasmirás.

–¡Durante el partido! –lo interrumpió Valeria, al tiempo que levantaba las cejas y los hombros en un gesto de incredulidad.

Luego, mirando a los vampiros y a Laü alternativamente, añadió:

–¡Yo no me lo trago! ¿Por qué habríamos de confiar en ese espíritu?... Debemos hacer algo ahora, o si no... ¡mañana te echarán de Halifax!

Läu la miró. No le gustaba que Val desconfiase de aquel anciano, que a él le había parecido sinceramente arrepentido. Sin embargo, también se sintió halagado al ver que ella se preocupaba por su expulsión del colegio.

–¿Y tú qué propones? –preguntó Silván, rompiendo el silencio.

–Que descubramos dónde está realmente el espejo de Trasmirás –respondió la chica fríamente.

–¡Por mil pares de colmillos! ¡El espejo está roto! ¡Yo lo vi con mis propios ojos! –exclamó Serguei.

–¿Estás seguro? ¿Comprobasteis si el espejo roto era el auténtico espejo de Trasmirás? Porque también pudo suceder que quien entró en el baño llevase consigo un espejo normal, y lo rompiese allí. De ese modo, podría haber robado el verdadero espejo de Trasmirás. Porque os aseguro que eso es lo que sucedió.

Läu miraba fijamente a aquella chica, cada vez más impresionado. ¿Cómo podía saber ella todo aquello?

–¿Cómo sabes tanto? –le preguntó finalmente, cogiendo su mano.

–Yo…

En aquel momento, sintieron unos pasos en las escaleras y Silván se llevó un dedo a los labios, pidiendo silencio. Un vigilante se aproximaba por el pasillo. Serguei les indicó a Val y a Läu una amplia cornisa que había en la parte exterior de la terraza, para que se escondieran. Luego se fue tras Silván, que había ido al encuentro del vigilante.

–¿Todo tranquilo? –preguntó el vigilante.

–Tranquilo como la mar en calma –respondió Silván, queriendo resultar simpático.

–¿No habréis visto a algún alumno del turno de día?

–¡No, qué va! Deben estar todos en el séptimo sueño –contestó Serguei–. ¿O es que alguien se ha escapado?

–¡Bah! –respondió el vigilante–. El director Soult está peor que nunca. No sé si será por el partido de mañana, pero hace tres noches que no pega ojo y nos tiene a todos dando vueltas por los pasillos.

–Ánimo…, ¡hay que hacer deporte! –dijo Silván, que no sabía callarse.

El vigilante lo miró seriamente de arriba a abajo, y añadió con frialdad:

–En dos minutos acaba el recreo. Cerrad la puerta de la terraza cuando volváis a clase. Y si veis a algún desconocido, avisad inmediatamente a un vigilante.

Luego se giró y desapareció entre la oscuridad de los corredores.

Los vampiros volvieron a la terraza y los chicos salieron de su escondite. Entonces Serguei les dijo en voz muy baja:

–Ya lo habéis oído. Tenemos que irnos, así que nos vemos mañana en el partido. Y tened cuidado al volver a vuestras habitaciones.

Cuando Silván y Serguei se marcharon, Valeria le propuso a Läu regresar a la zona de los dormitorios por un pasadizo secreto, para esquivar a los vigilantes. A continuación, abrió una trampilla en el suelo de la terraza.

–¡Hala! ¿Y eso? –exclamó Läu, impresionado–. ¿Cómo conoces la existencia de este pasadizo?

–Hace muchos años que vivo en este lugar –respondió Val, echándose la mochila al hombro y entrando cuidadosamente por el hueco.

Tras descender por una escalera de caracol cubierta de telarañas, llegaron a un corredor iluminado con antorchas. Después de unos metros, el techo se hizo más bajo y fue preciso andar a gatas. Un poco más adelante, el pasadizo se dividía en dos ramales.

–Por ese lado –dijo Val señalando a su derecha–, están las habitaciones de los alumnos. La quinta salida a la derecha es la de tu pasillo.

A continuación, señalando hacia la izquierda, añadió:

–Por ese otro camino están las habitaciones del personal del colegio. La segunda trampilla da al despacho del director.

–Entonces está claro –dijo Läu, encaminándose hacia la derecha.

Sin embargo, Val no se movía.

–¿Qué pasa? ¿No vienes? –preguntó extrañado.

Valeria abrió su mochila y sacó una pequeña cámara de fotos; luego dijo, casi sin respirar:

–Vamos al despacho de Soult y hacemos unas fotos del espejo que tiene escondido detrás de las cortinas. Porque ese espejo es… ¡el espejo de Trasmirás! No me mires con la boca abierta, Läu, y di algo.

–¡Centella, Valeria! ¿Se puede saber quién eres tú?

La sorpresa y la confusión se habían apoderado de Läu. Por su mente cruzó la idea de que tal vez le estuviesen tendiendo una trampa.

Valeria se acercó a él, lo cogió por los hombros y le dijo:

–Yo soy huérfana y el director Soult es mi tutor.

❖ ❖ ❖

Läu se quedó de piedra, mirándola con los ojos como platos. ¡Esto era lo único que le faltaba!

Ella se apoyó en la pared y continuó hablando. La luz de una antorcha iluminaba la mitad de su cara.

–Mi tutor es director de Halifax desde hace varios años, pero aborrece su trabajo y su intención es deshacerse de la Residencia. Él ha robado el espejo para venderlo. Al parecer, sus componentes son muy valiosos para la fabricación de radares y cree que le darán una buena suma de dinero.

–¿Y por qué no me lo dijiste antes?

–Hace algún tiempo que desconfío de Soult, pero no estaba del todo segura de que él fuese el culpable. Hasta que esta mañana he oído cómo hablaba por teléfono de la venta del espejo. Eso es lo que quería decirte cuando te cité en el campo de hockey.

–Pero no podremos demostrar nada… –respondió Läu, después de reflexionar unos instantes–. Incluso si hacemos las fotos, Soult podrá decir que fui yo quien puso el espejo en su despacho después de haberlo robado. Sería su palabra contra la mía…

–Sería tu palabra y también la mía –dijo Val–. Vamos, ahora es el mejor momento, Soult está haciendo su ronda de vigilancia.

Läu dudó unos segundos, pero finalmente se dispuso a seguirla. Sin embargo, cuando quiso moverse sintió que algo retenía su pie izquierdo. Al girarse, un escalofrío le recorrió el cuerpo y tuvo que morderse la lengua para no gritar. ¡El fantasma estaba agarrándole la pierna!

–Tranquilo, Läu, que no es la primera vez que ves un fantasma –dijo el anciano, sonriendo con los pocos dientes que tenía–. Estaba escuchando vuestra conversación y pensé que estabais a punto de meter la pata… ¡Ni se te ocurra subir ahí arriba! Soult se dirige a su despacho. ¿No te he dicho que mañana desenmascararía al culpable? ¡Ah, la juventud no sabe esperar!

Läurenz no pudo articular palabra y el fantasma continuó hablando:

–El director se acerca por el pasillo. Si te encuentra en su despacho, ya nada podré hacer por salvarte. Val tiene buenas intenciones, pero es un poco impaciente. Y por cierto, mi nombre es Ramiro. Me gustaría dejar de ser ya «el fantasma del campo de hockey».

–De acuerdo, don Ramiro.

–¿Se puede saber qué te pasa? –preguntó Val–. ¿Con quién rayos estás hablando ahora?

–Pues con el fantasma, digo, con don Ramiro, ¿no lo ves?

–Pues no. Lo que veo es que tienes miedo, Läu. Si quieres, puedo ir sola.

–¡No es eso! ¡No lo entiendes! –respondió Läu, ofendido–. Soult está a punto de entrar en su despacho.

–A esta hora… ¡imposible! Después del primer recreo de «los nocturnos» siempre acostumbra a hacer una ronda por la cocina. Seguro que está allí.

Con un gesto impetuoso, Valeria se giró hacia la izquierda. Justo en ese momento, comenzaron a oír las pisadas del director.

–De acuerdo –dijo entonces Val, sonriendo–, pídele disculpas de mi parte a tu ángel de la guarda.

Entre paseos y aventuras nocturnas, Läu acabó finalmente por acostarse a las tres de la madrugada. Al día siguiente tenía que levantarse temprano para preparar las maletas. Apenas llevaba cuatro días en Halifax… ¡Ni siquiera había tenido tiempo de deshacerlas por completo!

Por la mañana, sin embargo, se levantó de un humor estupendo, y tuvo incluso que concentrarse para no estar demasiado eufórico ante la visita de sus padres. ¿Qué sería lo que don Ramiro pensaba hacer?

Aquel día, la Residencia Halifax estaba decorada con guirnaldas y banderas de colores para festejar el primer partido de hockey del año. Los alumnos corrían y se saludaban, animados ante una jornada en la que se suspendían la mayor parte de las clases.

A las nueve menos cuarto, el taxi que traía a los padres de Läurenz aparcó delante del edificio. Läu se precipitó por la escalera para recibirlos, antes de que encontrasen a Soult y este les contase su versión de los hechos. Al verlos, el chico los abrazó con fuerza.

–Vamos a mi habitación –les dijo–. Tengo muchas cosas que contaros.

–Tenemos una cita con el director a las nueve y media –dijo su padre, con el rostro muy serio–. No sabes la vergüenza que todo esto nos causa.

–Es preciso que vengáis –insistió Läu.

Finalmente, ambos accedieron a subir con su hijo.

En la habitación, Läu les contó su primer encuentro con Serguei y Silván, el injusto castigo de Soult, la rotura del espejo, su conversación con el fantasma y todo lo que había sucedido en aquellos días. Cuando terminó de hablar, se alegró al ver que ellos lo creían y lo apoyaban.

–Pero, hacerte amigo de unos vampiros... –comentó su madre–. Todo aquí me resulta muy extraño, Läurenz.

–Son personas como nosotros, mamá. ¡Y además son los únicos que me han ayudado!

–Bueno, pues teniendo en cuenta que tienes de tu lado al «más allá», hablaremos con el director y después veremos ese partido, ¡que no hemos soportado diecinueve horas de viaje para nada! –añadió el señor Läurentidis, que era un gran entusiasta del hockey sobre hierba.

Actividades

1. Copia en orden en tu cuaderno.

- Los padres de Läurenz llegan al colegio.
- Valeria y Läu van a sus habitaciones por un pasadizo secreto.
- Serguei y Silván hablan con el vigilante.
- Läu, Val y los vampiros toman una taza de chocolate.

2. Valeria tiene un secreto. ¿De qué secreto se trata? ¿Por qué no se lo ha contado antes a Läu?

3. Contesta.

- ¿Cómo reaccionan los padres de Läu ante lo que les cuenta su hijo?
- Si tú fueras Läu, ¿qué hubieran dicho tus padres?

Si te gustan las historias de niños vampiros, entra en esta web, escribe *pequeño vampiro* en el buscador y conocerás a un divertido personaje.

http://www.alfaguarainfantilyjuvenil.com

Piedrapómez se aburre

Inmaculada Díaz

Actividades

1. Responde:

- ¿En qué época vive el protagonista del cómic?
- ¿Cuál es su mayor problema?
- ¿Cómo intenta distraerle su madre? ¿Y su padre?
- ¿A qué conclusión llega Piedrapómez al final?

2. Cuenta qué le pasa a Piedrapómez cuando…

Juega al «furgo»: *Se hace daño y su mamá le prohíbe jugar.*

Mira las fotos: ______

Juega a pillar: ______

Se acerca al fuego: ______

Se va de caza: ______

3. ¿Crees que el protagonista se aburriría hoy en día? ¿Por qué? ¿Te aburres a menudo? ¿Cuáles son tus juegos preferidos?

De versos y poetas

Juan Ramón Jiménez

Nació una noche muy fría
en Moguer, pueblo de cal,
lleno de luz y alegría,
con el aire oliendo a sal.

Jugaba con pocas ganas.
Aislado y meditabundo,
por las puertas y ventanas
se asomaba a ver el mundo.

Enfermizo y delicado,
Juan Ramón, con su maleta,
se marchó a ser abogado
y se convirtió en poeta.

El poeta Juan Ramón,
el mago de las palabras
que te llega al corazón
con solo un abracadabra.

Se paseaba a menudo
a lomos de su Platero,
que era un burrito peludo,
por caminos y senderos.

Se enamoró de Zenobia,
la persiguió noche y día,
logró que fuese su novia,
su equilibrio y su alegría.

Dieron refugio y hogar
a huérfanos de la guerra
y tuvieron que emigrar
a otro lado de la Tierra.

Recibió un premio excelente:
el de grandes escritores,
por regalar a la gente
sus palabras de colores.

El escritor andaluz,
hasta el fin de su andadura,
repartió versos de luz,
puñaditos de hermosura.

Carmen Gil

- **Itimad:** nombre que recibió la esclava Rumaykiyya tras casarse con al-Mutamid, rey árabe del reino de Sevilla.

La poetisa reina

Tanto poder tiene
todo lo que escribe
la reina ***Itimad***
que magia parece;
pues siempre consigue
hacer realidad
los más raros sueños.

De cumbres nevadas
tratan sus poemas,
porque echa de menos
su blanca Granada.

El rey se da cuenta
y tanto es su amor
que del monte al llano
del Guadalquivir,
de almendros en flor,
como un tierno manto,
ordena cubrir.

Ana Rossetti

Actividades

1. ¿Cuál es la profesión de Juan Ramón Jiménez?

abogado | poeta | pintor

2. Busca en el poema *Juan Ramón Jiménez* la estrofa en la que se habla de Platero y haz un dibujo del momento que se describe.

3. ¿Quién es Itimad? ¿A qué se dedica? ¿Por qué el rey ordena cubrir de almendros en flor las orillas del Guadalquivir?

El volcán y la montaña

Hace miles de años, la capital del Imperio **azteca** era una ciudad hermosa y alegre llamada Tenochtitlán. Cuentan que allí se levantaba un suntuoso palacio en el que vivían el emperador y su esposa.

Un día, el **pájaro quetzal**, cubierto de plumas de vivos colores, fue a visitar a los emperadores para comunicarles que iban a ser padres de una niña. Los dos estaban radiantes de gozo. Durante los meses de espera, el emperador se dedicó por entero a cuidar de su mujer y dicen que hasta desatendió las tareas de gobierno.

Por fin llegó el día. La esposa del emperador dio a luz a una niña morena que a sus padres les pareció la más bonita del mundo. Y no se equivocaron, pues al crecer fue ganando en belleza e inteligencia. Desde los lugares más alejados acudían nobles y caballeros a pedirle al emperador la mano de la princesa. Sin embargo, a él ninguno le parecía suficientemente bueno para merecerla.

Lo que el emperador no podía imaginar es que el corazón de Iztlaccíhualt, que así se llamaba la princesa, ya tenía dueño. Hacía unos meses, la muchacha se había enamorado perdidamente de Popocatépelt, un guerrero del ejército de su padre.

- **azteca:** pueblo de América que dominó México hace seiscientos años. Su capital era Tenochtitlán, actual ciudad de México.
- **pájaro quetzal:** ave de las zonas tropicales de América, de largas plumas verdes y azules.

Cierto día, un noble descubrió a la pareja paseando de la mano cerca de un lago y se lo contó al emperador. Ni que decir tiene que este montó en cólera y decidió acabar con ese amor: su hija no iba a casarse con un simple guerrero. Después de darle muchas vueltas, decidió enviar a Popocatépelt a la guerra para que la princesa se olvidara de él. Y así lo hizo.

Durante la larga ausencia del guerrero, el amor de la princesa, en vez de apagarse, se hizo más fuerte. Entonces el emperador, desesperado, decidió mentir a su hija:

–Hija mía –le dijo–, tengo una triste noticia que darte, el guerrero Popocatépelt ha muerto en combate.

Tal fue el dolor que se alojó en el corazón de la princesa, que no tardó en morir de pena. Mientras el emperador lloraba amargamente la pérdida de su adorada hija, Popocatépelt volvió a la ciudad. Al conocer la muerte de su amada, destrozado por la pena, mandó construir dos pirámides. En una colocó el cuerpo de la princesa Iztlaccíhualt, para que estuviera más cerca del cielo. En la otra se tumbó él, con una antorcha en la mano, para permanecer siempre junto a ella.

Dicen que aquella misma noche la pirámide de la princesa se convirtió en una montaña y la del guerrero, en un volcán. Y cuentan también que, desde entonces, el humo del volcán Popocatépelt abraza con ternura, noche y día, a la montaña Iztlaccíhualt.

Carmen Gil

Actividades

1. **Completa.** Lo que cuentan las leyendas…
   - ☐ es siempre falso.
   - ☐ es siempre cierto.
   - ☐ puede tener algo de realidad, pero no se sabe a ciencia cierta.

2. **Explica por qué el emperador mintió a su hija y qué consecuencias tuvo esa mentira.**

Si quieres saber más sobre Tenochtitlán, entra en esta dirección de Internet:
http://www.elbalero.gob.mx/historia/html/conquista/tenochtitlan.html

CAPÍTULO 5

El partido

Eran las doce en punto y el partido estaba a punto de comenzar. En las gradas, el ambiente era magnífico. Para protegerse del sol, Läurenz se puso la mano derecha encima de sus ojos, a modo de visera. Le resultaba difícil localizar a sus padres entre la numerosa hinchada de Halifax, completamente vestida de verde. Finalmente los encontró, sentados en la quinta fila. Tenían aspecto de preocupación, pero lo saludaban levantando los brazos.

–¡Ya voy! –gritó Läurenz, levantando también un brazo para que lo vieran.

Se dirigía hacia el lugar que ocupaban sus padres para ver el partido con ellos, cuando oyó que alguien lo llamaba.

–¡*Marítimo*! Ya puedes ir buscando un par de botas de deporte, ¡que igual vas a tener que jugar!

Era Serguei, que sorprendentemente formaba parte del equipo de hockey de Halifax. El muchacho llevaba unas enormes gafas de sol.

–¡Serguei! –exclamó Läu, dándole un abrazo–, es de día, ¿tú no deberías estar en la cama?

–El deber me llama… A causa del fantasma, pocos se atrevían a jugar el partido y, por eso, Silván y yo vamos a completar el equipo. También estará Valeria.

–No tenemos suplentes, de modo que si alguien se lesiona nos va a hacer falta un jugador… Podrías ser tú –propuso Val, que acababa de llegar y se había colgado de los hombros de sus amigos.

–Yo, encantado, pero no sé qué le parecerá al director –respondió Läurenz, señalando hacia el centro del terreno de juego.

Desde el campo, Soult los miraba fijamente. Vestido con un reluciente traje negro, el director conversaba con el árbitro del partido.

–¡*Ganar necesario es*! –decía Soult, muy nervioso–. *Hoy gente importante hay viendo el partido, y que una mala impresión se lleven no quiero.*

–Eso dependerá de los jugadores… y del famoso fantasma –respondió seriamente el árbitro, que no estaba dispuesto a aceptar presiones.

Don Ramiro, apostado junto a ellos sin que lo vieran, escuchaba muy atento aquella conversación. En ese momento, echó mano al silbato del árbitro y lo hizo sonar a pleno pulmón junto a la oreja del director.

–*Vale, vale* –dijo aturdido Soult, dirigiéndose hacia su palco–, *¡no hay así que ponerse, señor árbitro!*

Los jugadores de ambos equipos saltaron al terreno de juego y el partido dio comienzo. Läu tomó asiento junto a sus padres.

–¿Qué tal la entrevista con el director? –les preguntó.

–¡Fatal! –respondió su madre–. Ese Frederic Soult es verdaderamente desagradable. Ha estado hablando durante más de una hora y no nos ha dejado abrir la boca.

–Pretende anunciar tu expulsión del colegio al final del partido –añadió el señor Läurentidis, apesadumbrado.

–No perdamos la esperanza –dijo Läu, sentándose junto a ellos y esforzándose por sonreír.

Los minutos pasaron, y se llegó al final del primer tiempo con el marcador sin estrenar. Y sin novedades de don Ramiro, lo cual era aún peor para Läurenz.

Durante el descanso, el director Soult paseó entre el público para saludar a algunos conocidos. Al pasar junto al señor y la señora Läurentidis, Soult desvió la mirada y continuó su camino con una mueca de desprecio.

Antes de comenzar la segunda parte, por la megafonía se anunció que un jugador de Halifax se había lesionado y se solicitó que, si había algún otro alumno o alumna que supiese jugar, bajara al terreno de juego inmediatamente.

Nadie se movió de su sitio. A algunos chicos les temblaban las piernas de terror al mirar hacia la vieja y maldita portería, que aquel día lucía extrañamente nueva y reluciente.

–¡Ven, Läu, a ver qué tal jugáis los de las Marítimas! –gritó Serguei desde la portería, tratando de picar a Läurenz.

–Ya estás yendo al campo, ¡y enséñales lo que sabes hacer! –intervino entonces el señor Läurentidis.

Nada más pisar el césped, Läu sintió una voz conocida que le hablaba al oído. Era el fantasma de don Ramiro.

–¡Hola, deportista! Escúchame bien, yo subiré al palco del director y haré que confiese lo que hizo. Tú preocúpate mientras tanto de meter un gol, ¡pero espera al último minuto!

Al iniciarse el segundo tiempo, los jugadores de Halifax comenzaron a jugar tan afinados como los instrumentos de una orquesta. La bola pasaba de bastón en bastón al ritmo de una melodía inexistente.

El señor y la señora Dupuis, que observaban el partido desde las gradas, decidieron poner una música apropiada para la ocasión. Poco después, por los altavoces comenzó a sonar una melodía clásica. El partido parecía una pieza de ballet. Incluso los señores Läurentidis, pese a su preocupación, estaban disfrutando realmente del espectáculo.

Valeria y Läurenz daban pases y hacían remates. Silván se acercaba con peligro a la portería una y otra vez, pero sus tiros rebotaban en los postes o se perdían inexplicablemente por el fondo del terreno de juego. Los minutos pasaban y los goles no llegaban.

En el palco del director, por el contrario, el tiempo parecía haberse detenido. Soult observaba distraído el partido, mientras su mente viajaba por playas tropicales. ¡Había dado el golpe perfecto! Hacía varios años que pretendía robar el espejo de Trasmirás para venderlo en el mercado negro, pero nunca antes se le había presentado la ocasión.

Esta vez, por fin, lo había conseguido. Un traficante vendría aquella misma noche a recoger la mercancía y le pagaría una buena suma de dinero a cambio. El espejo acabaría formando parte de un peligroso radar, pero... ¡qué importaba! Él, Frederic Soult, había planeado marcharse a Brasil. Ya no tendría que soportar más a los alumnos de diurno ni a los vampiros.

La llegada de Läurenz le había venido como anillo al dedo: un chico de fuera, relacionado con los vampiros... ¡sería el culpable perfecto de la rotura del espejo! Soult lo había seguido desde el primer día y lo había castigado, para ir ensuciando su expediente. Cuando Läu entró en el baño de los vampiros, él mismo había robado el espejo de Trasmirás y había colocado los restos de otro espejo en el suelo. ¡Qué fácil había sido todo! ¡Era el robo perfecto!

Soult se estiraba en su asiento, ensimismado en sus pensamientos, cuando, de repente, escuchó una extraña voz. Después sintió que alguien lo cogía por las orejas.

–¡Ríe!, ríe ahora, querido bisnieto, que en cuanto acabe el partido vas a tener que confesarlo todo.

–¿Qui... quién anda ahí? –preguntó Soult atemorizado, tratando de zafarse de aquellas manos invisibles.

–Tu bisabuelo, malandrín, que fue tan avaricioso como tú, ¡y que ha pagado por ello durante doscientos años! –le contestó el anciano fantasma.

Mientras tanto, el partido llegaba a su recta final. Desde el borde del área, Läu le gritaba a Valeria:

–Val, estoy libre, ¡pásamela!

Valeria hizo un quiebro imposible y le mandó a su amigo un pase perfecto. La bola rodó lentamente hacia el borde del área, donde Läu le pegó con todas sus fuerzas. ¡Clanc!, sonó la bola contra el poste, y se deslizó hacia el fondo de la portería. ¡Un tanto soberbio! ¡Y en el último minuto!

En Halifax no había pasado nunca nada parecido. El público, puesto en pie en sus asientos, prorrumpió en un grito que se oyó en varios kilómetros a la redonda:

–¡Gooool!

El árbitro pitó el final del partido y el público estaba enfervorecido. Cuando el ambiente se tranquilizó, todos fijaron la vista en el palco del director. Soult daba saltos en su asiento y agitaba los brazos frenéticamente, mientras gritaba como un energúmeno.

–*¡Con-fieso! ¡Con-fieso! ¡Läurenz Läurentidis inocente es! ¡Läurentidis inocente! ¡Fui yo quien de Trasmirás el espejo robó! ¡A la policía de inmediato llamen!*

Los siguientes días fueron, al mismo tiempo, dulces y tristes para Läurenz. Sus padres se habían marchado de allí satisfechos por el desenlace de los acontecimientos. En Halifax, todos le pedían disculpas por haberlo culpado injustamente. A los vampiros tampoco les faltaron muestras de apoyo por parte del resto de los alumnos: costase lo que costase, ¡ellos también tenían derecho a estudiar! Frederic Soult había dado con los huesos en la cárcel y el profesor Pichel había sido designado como su sustituto.

Pero ¿y Valeria?… ¿Dónde centellas se había metido Val? ¿A dónde se la habrían llevado?

Ensimismado, Läu paseaba por los corredores de Halifax pensando en ella, cuando, de repente, oyó una voz que le resultó conocida:

–¡Läurenz! ¡Alegra esa cara! He venido a despedirme.

–¡Don Ramiro! ¿Dónde está usted?

–Ahora solo soy aire. Me voy, muchacho. Gracias por todo y saluda a Val, que te está esperando en la cocina.

–¡Hasta siempre, don Ramiro! Y muchas gracias.

Läu sintió una brisa que lo acariciaba, y tuvo la certeza de que el fantasma de don Ramiro se había marchado.

Luego, bajó rápidamente a la cocina. Los Dupuis estaban allí, acompañados de Valeria y sus amigos vampiros.

–¡Muy bien, señor Läurentidis, usted llega siempre en el momento justo!

El señor Dupuis estaba acabando de decorar un estupendo pastel coronado con el nombre de Läu en letras de chocolate.

–¡Bienvenido a Halifax, *marítimo*! –gritó Silván con todas sus fuerzas.

–Gracias –respondió Läu emocionado, mientras cortaba la tarta.

Había sido una semana muy agitada, pero ahora se sentía como en casa.

–Y tú, ¿finalmente te has quedado? –le preguntó a Val.

–Sí –respondió ella–, los señores Dupuis son ahora mis tutores y seguiré viviendo en la Residencia. Y, ¿sabes?, tal vez podamos ser compañeros de clase los cuatro... porque Pichel está buscando el modo de que los vampiros puedan estudiar durante el día.

–¡Fantástico! –exclamó Läu–. Al fin podré conocer la receta de vuestro chocolate.

–¡Ah no! –respondió Silván–. ¡Esa receta es secreta y solo podremos tomarlo a la luz de la luna!

–¡Pues por los futuros chocolates nocturnos! –propuso Val.

Y los seis brindaron por el pasado, por el presente y por las futuras aventuras que vivirían en Halifax.

Actividades

1. Recuerda la historia de Läu en Halifax y ordena estas viñetas.

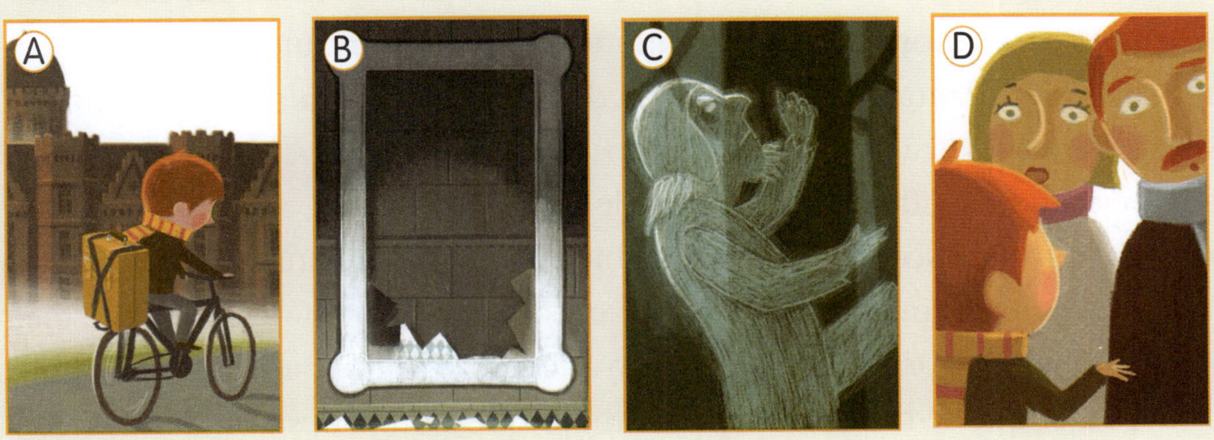

2. Cuenta de qué modo ayuda el fantasma de don Ramiro a resolver el caso del espejo.

3. ¿Qué te ha parecido *Aventura en Halifax*? Busca el nombre de su autor.

De príncipes y princesas

PERSONAJES

- REY
- REINA
- PRÍNCIPE
- PROFESORA
- CONDE
- RELOJ
- DAMA
- ALONDRA
- CABALLERO
- BRUJA
- PAJE

AMBIENTACIÓN

La obra se desarrolla en un escenario en el que va a actuar un grupo de niños para sus familiares. Lo que se llama «teatro dentro del teatro».

Habrá dos decorados, aunque en realidad solo será uno, pues variará la forma de presentarlo. Al comienzo de la obra, se simulará que vemos el escenario desde atrás, de modo que los espectadores lo verán como si estuvieran mirando hacia el patio de butacas. Por eso, al fondo estarán las cortinas sin descorrer. Habrá también dos tronos y una gran urna de aspecto metálico, capaz de ocultar en su interior a un personaje de pie.

Luego, se descorrerá el cortinaje y quedará al descubierto un panel de fondo, en el que se habrá hecho un dibujo que simule el salón del trono de un palacio real. Será el momento de dar la vuelta a los tronos, la urna y cualquier otro elemento que se haya colocado en escena, para que queden de cara a los espectadores.

El vestuario de los niños será vistoso, de acuerdo con la época medieval en que se sitúa la obra. La profesora será la única que simulará ser una persona adulta.

(*En escena, todos los actores, de espaldas al público, mirando a la PROFESORA, situada al fondo, delante del cortinaje, que será la única que estará de cara a los espectadores.*)

PROFESORA. Bueno, chicos, ha llegado el momento. El telón se abrirá dentro de unos instantes y dará comienzo la función. Confío en que, después de tantos ensayos, representéis bien vuestro papel. La obra es fácil, así que espero que no os pongáis nerviosos. ¿Alguna pregunta?

REY. ¿Y si se nos olvida lo que tenemos que decir y nos quedamos en blanco?

PROFESORA. El personaje que hable antes, al decir su última frase, te ayudará a que te acuerdes de tu texto. Es lo que se llama «dar pie».

DAMA. Pues a mí, como se me olvide, más que pie me va a hacer falta una mano.

PROFESORA. No os preocupéis, que os sabéis la obra de memoria. Si alguien se atasca, el que esté más cerca que le apunte por lo bajini. Y si no, desde bastidores, yo os ayudaré.

RELOJ. A mí me parece que, con tanta gente, me voy a equivocar cuando me toque intervenir.

PROFESORA. Pero si eres el reloj y solo tienes que dar campanadas... Nunca te has confundido en los ensayos.

RELOJ. Es que los ensayos son una cosa y la realidad, otra muy distinta.

CONDE. Di que sí, que al principio me ponía nervioso y me trastabillaba. Veremos ahora.

PROFESORA. Tranquilos. Son los miedos de antes del estreno y les pasa a muchos actores profesionales. Pero en cuanto se sale a escena, se acaban los temores y uno se transforma. Bueno, eso dicen, que yo no he actuado nunca. (*Risitas burlonas de los actores.*) Por último, quiero recordaros que debéis actuar sin darle la espalda al público. Nada más, que ya empezamos. (*Desde detrás del escenario, se oyen algunas palmadas de protesta.*) ¿Veis?, el público comienza a impacientarse. Cada uno a su puesto y que empiece la representación.

(*Se hace el oscuro y se descorre la cortina del fondo. Cuando vuelve la luz, el panel de fondo simula un salón del trono. Delante de esa pared, están situados los dos tronos reales. Un poco adelantada y cerca del lateral derecho se encuentra la urna, colocada verticalmente. En escena, sentados en sus tronos, el REY y la REINA. De pie, el CABALLERO, la DAMA y, próximo al lateral izquierdo, el RELOJ, que llevará una esfera con las horas a la altura del pecho y una campana con una cuerda.*)

REINA. ¿Qué hora es?

CABALLERO. (*Levanta el brazo para mirar su muñeca, pero se da cuenta de su error y mira al RELOJ.*) Va a dar la una.

RELOJ. (*Tira de la cuerda tres veces, a lo que siguen tres campanadas.*) ¡La una!

REINA. (*Sorprendida.*) Sí..., sí..., la una.

REY. (*Desconcertado. Mira con enfado al RELOJ.*) Es que es un reloj insistente. Repite y repite y repite.

REINA. ¡Ah...! El conde dijo que llegaría a la una. Me «confundo» de impaciencia.

REY. (*Baja la voz.*) Me consumo, no me confundo.

REINA. (*Igualmente en voz baja.*) Yo no he dicho que te hayas confundido.

REY. (*Silabea.*) Con-su-mo, atontada.

REINA. Ah, ya. (*Levanta la voz, ya en su papel.*) Me consumo atontada de impaciencia.

REY. (*Al CABALLERO.*) Don Rodrigo. (*El CABALLERO no se entera. El REY grita.*) ¡Don Rodrigo!

CABALLERO. (*Pega un respingo.*) Mande... (*Rectifica.*) Ordene Vuestra Majestad.

REY. Es la hora. El conde Pestíñez debe de estar esperando. Hacedlo pasar.

CABALLERO. (*Se acerca al lateral y llama.*) ¡Conde Pestíñez, la hora!

RELOJ. (*Se siente aludido y da cuatro o cinco campanadas.*) ¡Las dos!

REINA. (*Improvisa.*) ¡Cómo pasa el tiempo!, hasta... hasta parece que son más de las dos.

CABALLERO. (*Como el CONDE no entra, insiste.*) ¡Conde Pestíñez!

(*Por el lateral, entra el CONDE impulsado por un empujón. Se vuelve y hace un gesto de protesta. Luego, va ante los reyes y hace una reverencia.*)

CONDE. (*A la REINA. Titubeando.*) Do... do... doña...

PROFESORA. (*Se oye su voz, que llega desde bastidores, apuntando.*) Majestad, vuestra tristeza se adivina...

CONDE. Doña Majestad, vuestra tristeza es «divina», pero no os... os...

PROFESORA. (*Desde bastidores.*) Aflijáis, que pronto ha de...

CONDE. No os «fijáis», que pronto terminará vuestro sufrimiento...

REINA. Esperaba vuestras noticias con impaciencia. (*Al no tener respuesta del CONDE, insiste.*) Esperaba vuestras noticias con impaciencia.

REY. (*Acude en ayuda de la REINA.*) Decid, conde...

CONDE. (*Totalmente perdido, se adelanta e improvisa.*) Digo..., digo...

REY. (*Cortándolo, fastidiado.*) Decid, conde, si habéis encontrado remedio para romper el encantamiento que el malvado mago Ceporrus hizo a nuestra hija, la princesa Floralba.

REINA. Encerrándola en esa urna que ni los mejores cerrajeros del reino han logrado abrir. (*Al REY.*) Pero la culpa es vuestra por haberle negado a Ceporrus la mano de nuestra hija.

REY. Eso, jamás: Floralba ha de casarse con un príncipe.

CONDE. (*Habla de frente a los reyes y de espaldas al público.*) Quería decir a Vuestras Majestades que creo que hemos hallado remedio...

REINA. (*En voz baja.*) Estás dando la espalda al público.

(*El CONDE se sitúa de frente al público, a quien parece hablar, provocando así una situación cómica. La DAMA, para no ser menos, lo imita y saluda disimuladamente con la mano a algún espectador.*)

CONDE. Majestades, creo que hemos encontrado el modo de abrir la urna. No piensen que ha sido tarea fácil. Tuvimos que hablar con magos y adivinos del mundo entero hasta encontrar el remedio. Pero mejor que sea doña Inés quien lo explique. (*Ante el silencio de la DAMA, se gira hacia ella y la ve saludando. Eleva la voz.*) Mejor que sea doña Inés quien lo explique. (*En voz baja.*) ¡Cómo se te ocurre saludar!

DAMA. (*En el mismo tono.*) Es que he visto a mis padres.

CONDE. (*Igual.*) Déjate de saludos y continúa.

DAMA. (*Aparte.*) Me he perdido, dame tú el pie. (*El CONDE extiende un pie hacia ella. Irritada.*) El pie para continuar...

CONDE. (*Aparte también.*) Ah, ya. (*En voz alta.*) Que sea doña Inés quien lo explique.

DAMA. Sí, Majestades, después de larga «brusca», no, brusca no, busca, después de larga busca hemos encontrado a la bruja Papanduja, que nos revelará el modo de romper el hechizo.

REY. (*Se levanta, contento.*) ¡Qué guay!, y decidnos, ¿dónde la habéis encontrado?

REINA. (*Se levanta también. En voz baja.*) Esto no es de la obra, te lo has sacado de la manga. Y «guay» en esa época aún no se había inventado.

DAMA. (*Pillada por sorpresa, improvisa.*) La he encontrado en... en... en el departamento de brujas de El Corte Inglés. Bueno, iré a buscar a Papanduja a ver si quiere venir.

(*La DAMA se dirige a un lateral, pero antes de que salga, entra la BRUJA y casi se chocan.*)

BRUJA. Aquí estoy.

DAMA. (*En un aparte. Molesta.*) Tenías que esperar a que saliera a buscarte.

BRUJA. (*Aparte.*) Ya, pero tenía muchas ganas de actuar.

DAMA. Majestades, tras muchos esfuerzos intentando convencerla para que viniera, he aquí a Papanduja.

BRUJA. Buenas...

REY. Si es cierto, Papanduja, que conoces el remedio con que romper el «estancamiento» de nuestra hija y conseguir que salga de esa urna, dínoslo.

PROFESORA. (*Desde bastidores, corrige en voz baja.*) Encantamiento.

REY. (*Se vuelve hacia donde se encuentra la PROFESORA. Con voz normal.*) Eso he dicho: encantamiento.

BRUJA. Consultaré mi bola de cristal... (*Saca una bola de cristal, que puede ser una pecera.*) Aunque no me fío demasiado de ella porque la compré de segunda mano. (*Con gran ceremonial.*) Dime tú, bolita mágica, cómo se puede abrir la urna.

VOZ. (*Por altavoces, con eco.*) Solo existe un modo de abrir esa urna y liberar a la princesa... (*Se atasca la grabación.*) princesa... princesa... (*Todos se miran nerviosos. Se desatasca la grabación.*) princesa: cuando la alondra cante dos veces, introducid la gran llave roja y dadle vueltas sin parar hasta que se abra.

REINA. (*Con ansiedad.*) ¿Quién tiene la gran llave roja?

BRUJA. Dime, bolita mágica, quién tiene la gran llave roja.

(*Breve silencio.*)

REINA. (*Golpea la bola, impaciente.*) Venga, bolita, dinos quién la tiene.

(*La REINA, con sus golpes, provoca que a la BRUJA se le caiga la bola al suelo y se rompa.*)

VOZ. (*Por altavoces, como si no hubiera ocurrido nada.*) La única gran llave roja que existe la tiene el príncipe Pere Gil.

REINA. (*Improvisa.*) Sí que es mágica la bola, hasta funciona en cachitos.

BRUJA. Si no estuviera rota, a lo mejor incluso nos traería al príncipe.

REINA. ¿Y ahora cómo lo encontramos? Ni siquiera sabemos dónde vive.

(*De repente, entra el PRÍNCIPE montado sobre un caballo, que puede ser un palo con cabeza de caballo.*)

PRÍNCIPE. Ya estoy aquí.

BRUJA. (*Aparte.*) ¿Por qué has entrado?
Tenía que localizarte por medio de la bola de cristal.

PRÍNCIPE. (*Igual.*) Como se ha roto, pensé que sería mejor salir.

BRUJA. ¡Oh!, príncipe, bienvenido.

PRÍNCIPE. Yo no me llamo Bienvenido, sino Pere, Pere Gil.

BRUJA. (*A la REINA, como si no lo hubiera oído.*) Fijaos, Majestad, si es eficaz mi bola mágica, que hasta hecha pedazos y sin pedírselo ha traído al príncipe desde... desde...

PRÍNCIPE. Desde España, vengo de España, de las tierras conquistadas al moro al-Mo-roides.

BRUJA. (*Perdida.*) ¿Y... y... dónde está la llave?

PRÍNCIPE. Matarile rile rile.

BRUJA. (*Insiste, molesta.*) ¿Dónde está la llave?

PRÍNCIPE. Matarile rile ron.

BRUJA. (*Aparte.*) Deja de decir chorradas y di dónde está la llave.

PRÍNCIPE. La llave está aquí.

(*Intenta sacar la llave del bolsillo, pero se le engancha y no puede. Después de varios intentos, al fin saca una llave inglesa pintada de rojo.*)

BRUJA. (*Igual.*) Eso no es una llave.

PRÍNCIPE. (*Aparte.*) Claro que es una llave; me dijisteis que buscara una grande y la pintara de rojo y es la única que he encontrado.

BRUJA. (*Aparte.*) Vale. (*Voz normal.*) ¡Oh!, qué gran llave, y encima debe de ser mágica.

REINA. (*Golpea en la urna.*) Hija, ¿sigues ahí?

VOZ. Sí.

REINA. ¡Rápido!, introducid la llave en la cerradura y abrid.

BRUJA. Antes ha de cantar dos veces la alondra.

PRÍNCIPE. ¿Y dónde está la alondra?

REY. Mi reino por una alondra.

ALONDRA. (*Entra en escena, caracterizada como pájaro y agitando las alas.*) Yo soy la alondra.

BRUJA. Pues ponte a cantar.

PROFESORA. (*Corrige desde bastidores.*) Deléitanos con tu canto.

BRUJA. Eso.

ALONDRA. ¡Quiquiriquí...! ¡Quiquiriquí...! (*Todos la miran sorprendidos.*) Es que me sale cada gallo...

PRÍNCIPE. Qué bello canto el de... ¿la alondra?

DAMA. Vamos, deprisa, príncipe, meted la llave y abrid la urna.

REINA. Sí, príncipe Pere Gil, liberad a nuestra hija Floralba.

PRÍNCIPE. (*Se encamina a la urna e intenta abrir la cerradura con la llave inglesa.*) Lo intentaré.

REY. Y si lo lográis, os concederemos su mano.

PRÍNCIPE. Qué «horror», quiero decir, qué honor casarme con una princesa, seguramente muy bella.

REINA. La más bella que jamás pudisteis soñar. Lo comprobaréis si abrís de una vez la cerradura.

PRÍNCIPE. (*Con cara de enorme felicidad.*) ¡Ya está! El encantamiento ha sido roto. (*Abre lentamente la puerta de la urna, ante la expectación de los demás.*) Salid, Floralba, ardo en deseos de descubrir vuestra hermosura. Aun sin conoceros, ya os amo.

(*Sale del interior un niño vestido de paje, con bigotito rizado. Gestos de indignación general.*)

PAJE. Yo... yo... tenía que hacer de paje, pe... pero Floralba me pidió que le cuidara el sitio mientras iba a... a... hacer pis; alguien cerró la urna, noté que se movía y... y aquí estoy.

(*Todos lo miran con rabia.*)

REY. (*Sin bajar la voz y olvidándose de los espectadores.*) ¡Te has cargado la función!

(*Las miradas de rabia de los demás se convierten en amenazadoras. El PAJE, asustado, va retrocediendo hacia el fondo sin perder de vista al resto de actores que, disimuladamente, se van acercando a él, hasta que se choca con el panel de fondo. Del golpe, el panel se balancea y cae sobre todos con gran alboroto. La PROFESORA sale, aterrada, de bastidores.*)

PROFESORA. (*Grita, mientras agita los brazos indicando el movimiento de que echen el telón.*) ¡Esto es el caos! ¡Telón, telón!

(*Y se cierran las cortinas o cae el telón con rapidez.*)

FIN

Fernando Almena